ある家族と村の近代

木村千恵子

日本経済評論社

はじめに

常磐線《じょうばんせん》に乗って取手《とりで》まで行き、そこから関東鉄道常総線《じょうそうせん》に乗り換える。ディーゼル列車に揺られて一時間ほど行くと、そこに石下《いしげ》という町がある。関東平野に広がる農村地帯のなかの、小さくて静かな町である。

この石下町の東の端に、本豊田《もととよだ》という地区がある。

ここは明治の中頃まで本豊田村と呼ばれていた。

そしてその後六五年間は、豊田村の本豊田と呼ばれていた。

わたしの母はここで生まれた。祖父母や曽祖父母《そうそふぼ》たちもずっとここで暮らした。

これから始まるのは、筑波山《つくばさん》の見える小さな村とそこで暮らす家族が歩んだ、近代の光と影の物語である。

ある家族と村の近代＊目次

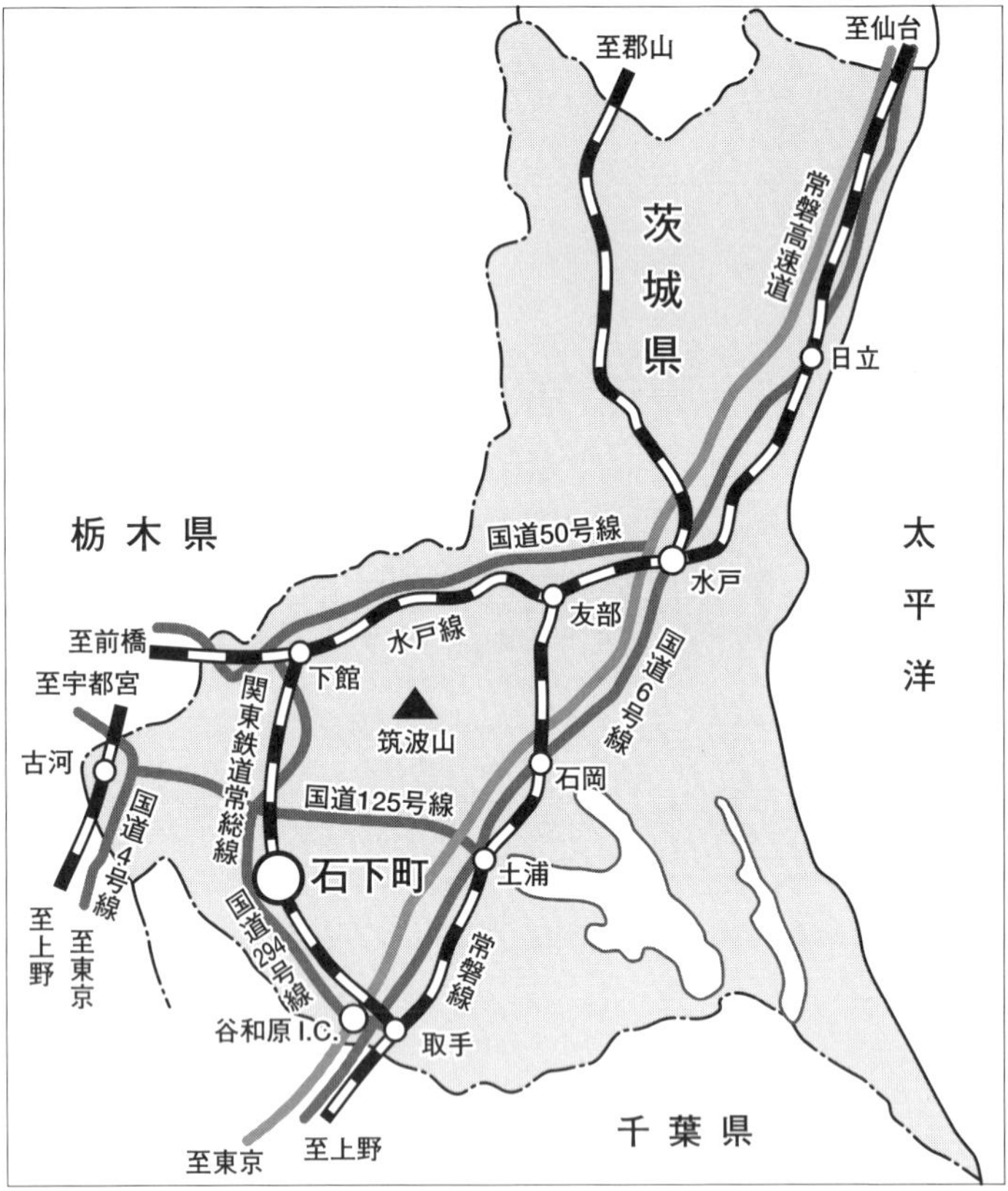
至郡山
至仙台
茨城県
常磐高速道
日立
栃木県
太平洋
国道50号線
水戸
友部
至前橋
水戸線
下館
国道6号線
至宇都宮
関東鉄道常総線
筑波山
古河
石岡
国道125号線
国道4号線
土浦
石下町
至上野
至東京
国道294号線
常磐線
谷和原I.C.
取手
千葉県
至東京
至上野

石下町の位置

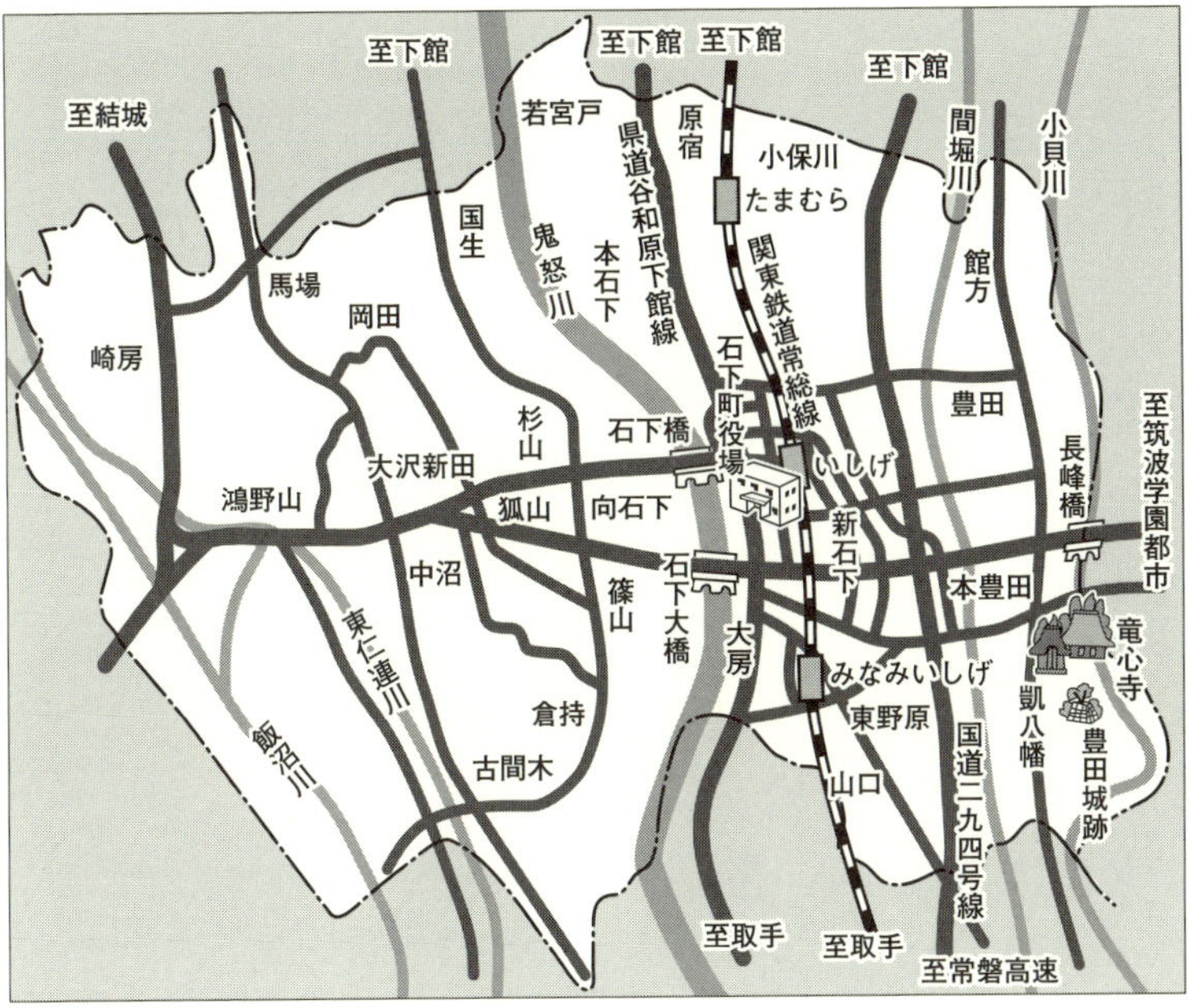
至結城
至下館
至下館
至下館
至下館
若宮戸
県道谷和原下館線
原宿
小保川
たまむら
間堀川
小貝川
国生
鬼怒川
本石下
関東鉄道常総線
館方
馬場
岡田
崎房
石下町役場
豊田
杉山
石下橋
いしげ
長峰橋
至筑波学園都市
大沢新田
鴻野山
狐山
向石下
新石下
中沼
石下大橋
本豊田
篠山
大房
竜心寺
東仁連川
みなみいしげ
倉持
東野原
凱八幡
豊田城跡
飯沼川
古間木
国道二九四号線
山口
至取手
至取手
至常磐高速

石下町全図

【庄右衛門からわたしまで】

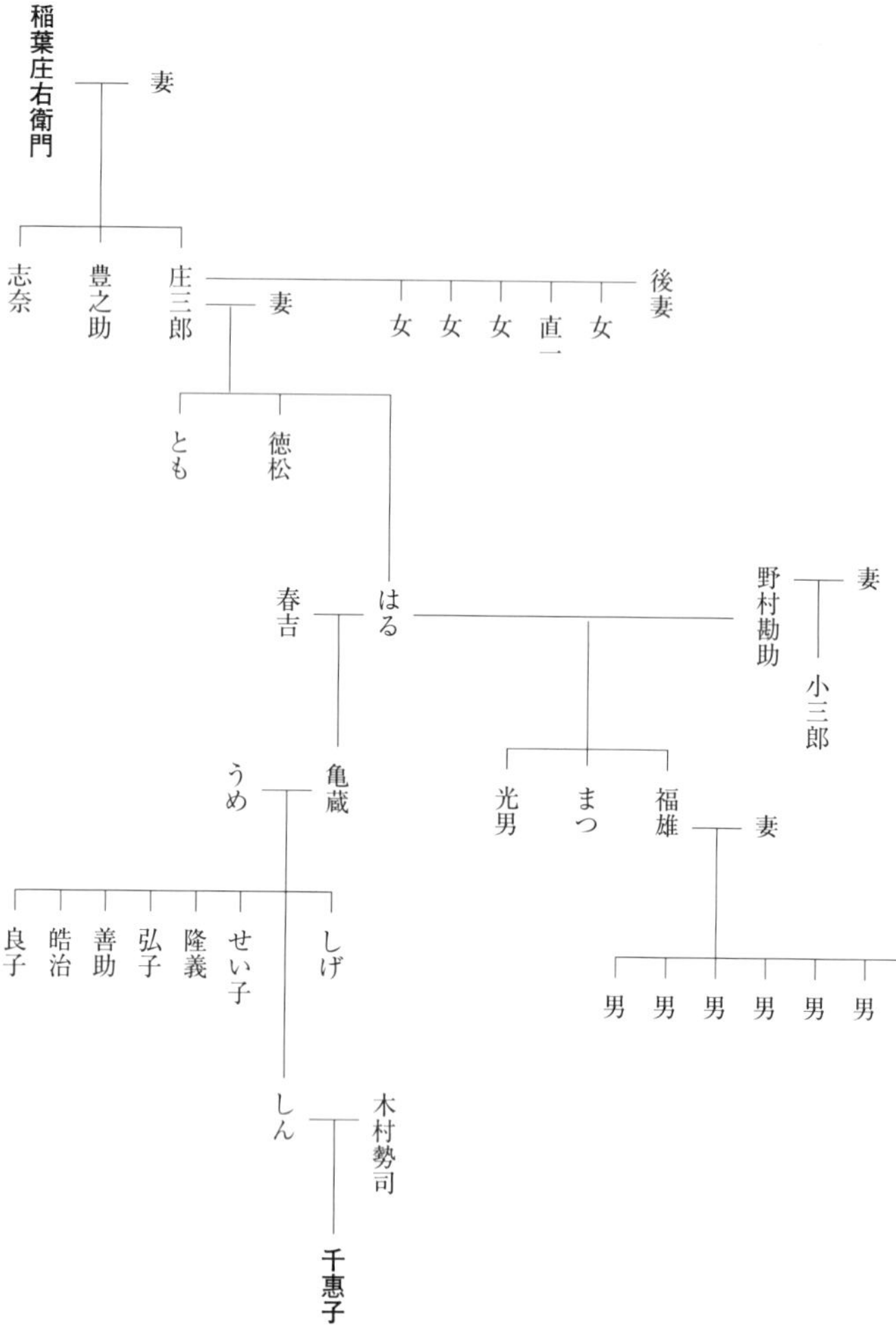

一　騒がしい世の中になる

稲葉庄右衛門《いなばしょうえもん》は一八二一（文政四）年七月七日に生まれた。下総国《しもうさのくに》豊田郡本豊田村《もととよだむら》という小さな村である。この村は広い関東平野のほぼ真ん中あたりにあり、すぐ西には小貝川《こかいがわ》が流れ、北東には筑波山《つくばさん》がなだらかな山並みを見せて横たわっている。

ここは、鬼怒川《きぬがわ》と小貝川という二つの平行して流れる川の間にできた細長い堆積地《たいせきち》で、古くは豊田谷原《とよだやわら》と呼ばれていた。土地が低く肥沃であるため、先人が労苦を惜しまず働き続けて、いまでは見渡す限りの水田となって広がっている。

本豊田村をはじめ近隣の村々（本石下《もといしげ》村、新石下村、曲田《まがつた》村、豊田村、館方《たてがた》村、収納谷《すのうや》村、山口村、東野原《とうのはら》村、大房《だいぼう》村、小保川《おぼかわ》村、原宿《はらじゅく》村、若宮土《わかみやど》村など）は、一様にこんもりと小さなかたまりになって点在しており、夏、水田が一面の緑におおわれると、どの村もまるで海に浮かぶ小島のように見える。

庄右衛門の生まれた文政四年というのは、一一代将軍徳川家斉《いえなり》の時代にあたる。治世《ちせい》は一七八七（天明七）年から一八三七（天保八）年までの五〇年間の長きにわたり、国政は万事とどこおりなく行われていたとは言いがたいが、それでも国内に大きな争乱のない、おおむね平穏な時代であった。

特に文化・文政の頃（一八〇四～一八三〇年）は「江戸趣味とよばれる日本人独特の美的生活理念が形成された時期」（『幕藩制の苦悶』）と言われ、江戸の町人たちによって衣食をはじめ文学・芸能・美術・祭りや遊び・学問などのあらゆる方面に、豊かで成熟した江戸文化が生み出され、花開いていた。まだまだ太平の時世《ときよ》であった。

一八四五（弘化二）年、庄右衛門は父直蔵から家督を相続した。二四歳という若さであるから、直蔵が急な病か事故にでも遭《あ》って不慮の死を遂げたためでもあったのだろう。そして庄右衛門は、家督を相続すると同時に本豊田村新宿《アラシク》の名主《なぬし》としての仕事も後を継ぐことになり、重い責任をその肩に負うことになった。

本豊田村のある石下地域には、鬼怒川の東岸に一八ヵ村の村々が散在しており、ほとんどが旗本領になっていた（一部天領）。北の下妻《しもつま》藩・下館《しもだて》藩、東の土浦《つちうら》藩などには藩主の殿様や家来たちがいて藩を治めていたが、旗本領というのはそれとは違っていた。

旗本たちの住まいは江戸にあり、よほどのことがなければ知行《ちぎょう》地《ち》まで出向いて来ることはなかった。命令や依頼などの用事は、いつも名主のところに書状で送りつけられてきた。

本豊田村の知行旗本は、菊池氏・森川氏・長田氏・窪田氏の四氏で、毎年六五九石*あまりの年貢を納めることになっていた。

* 一石《こく》＝一〇斗《と》＝二俵半＝一五〇キログラム
六五九石×二・五俵＝一六四七・五俵＝九八、八五〇キログラム

決められた年貢をきちんと納め、言われたことを守ってさえいれば、旗本たちはとんでもない無理難題を押しつけてくるようなことはなかった。

そのぶん村を預かる名主・組頭《くみがしら》・百姓代《ひやくしようだい》といった村役人たちの責務はひときわ重大となり、何事にも不都合が生じないようにと、日頃から村のすみずみにまで注意を払っていなければならなかった。

特に名主には、村に割り当てられた年貢を各家に小割して取り立てたり、様々な書類を作成して旗本や代官に提出したりすることから、草取時分に田畑を見回り不精者《ぶしようもの》がいないか見分し、怠けて仕事をしない者には説教をして始末書を取るようなことまで、たくさんの仕事があった。

また、鬼怒川や小貝川が決潰《けつかい》して大水が出たり、凶作で米が獲れなかったり、怖《こわ》い病が流行《はや》ってたくさんの病人が出たりした時にも、名主の責任において対処しなければならなかった。

旗本と村人との間に立っていつでも両者とも円満におさめるには、ある程度の知識と経験が必要であり、なにより信頼のおける人間であることが求められた。年若い庄右衛門には、さぞかし難儀な日々が続いたことであろう。

一八五三（嘉永《かえい》六）年、庄右衛門がもうすぐ三二歳になろうという六月三日、江戸ではかつてないような大事件が発生して大騒ぎになっていた。大きな黒船が四隻もやってきたのだ。

江戸湾入口浦賀に姿を見せた巨大な船は、二隻は蒸気船、二隻は帆船《はんせん》であったが、ともに軍艦であり、数多《あまた》の大砲を陸地に向けて沖合に停泊した。アメリカ東インド艦隊司令長官ペリーが、大統領の親書を携《たずさ》えて来日したのである。

ペリーが持参した皇帝（将軍）宛の親書には、来日の目的は友好通商、石炭と食糧の補給、アメリカ難波民の保護にあると認《したた》めてあり、彼はどうしてもそれを日本側に渡したいと考えていた。

突然の出来事に驚いた浦賀奉行所では、黒船まで出向いて来意を尋ね、日本の決まりでは長崎に回航するのが筋であるから、書翰《しょかん》は受け取ることができないと伝えた。しかし、黒船側は納得しなかった。奉行所の役人は困り果て、すぐに江戸に使いを走らせた。

知らせを受けた幕府の動揺は甚だしく、老中阿部正弘をはじめ幕政の中枢にある者たちが対応策について論議を重ねたが、話はまとまらなかった。

結局六月九日に、久里浜海岸（現神奈川県横須賀市）に大急ぎで作った仮設の応接所で、日本側（浦賀奉行）はペリーの親書を受け取った。黒船を打ち払うことはどうにも無理そうだから、今回だけはとりあえず受け入れるしかない、というのが幕府の判断であった。

黒船にまつわる噂や報告や命令は、燎原《りょうげん》の火のように国中に広まっていった。

江戸深川に住む蘭法医は、越中《えっちゅう》（現富山県）の兄のもとに、市中の様子を次のように書いて送った。

去月《きょげつ》［六月］二日より船渡来、十三日退帆《たいはん》、彼是《かれこれ》十日余之《あまりの》心配不一方《ひとかたならず》、勿論《もちろん》、武具商売米屋杯之外《などのほか》は皆々商売を休み、武家は一々門之出入六ケ敷《むつかしく》、一人も緊要《きんよう》之外は出門不《しゅつもんなら》成《ざる》位之事故《ゆえ》、十二日十三日之頃は小子《しょうし》［自分］も廻勤しながら日本橋辺を通行するに、荷物を負者《おうもの》一人も無之《これなく》、魚舟一双もなく、武士一人にも不逢《あわず》、両側共皆々商売休居申《やすみもうしおり》、四日市へも塩魚米荷之舟不来《こめにのふねきたらず》、煮売屋台店等一軒も無之、寂々岑々《じゃくじゃくしんしん》、実に心細き事にて、平日は夜半にても人之不断《たたざる》町内も、五六町之際で三両人に逢申候迄《あいもうしそうろうまで》に御座候《ござそうろう》、両国辺同様、見せ物其外《そのほか》一切無之《これなく》、例之御成之節之如《れいのおなりのせつのごと》く砿原《こうげん》となり、橋上逢人事《ひとにあうこと》六人計《ばかり》

そして更に、「御城内大混動」であること、「何やら底気味悪き世之中に相成《あいなり》申候」といった感慨も付け加えた。また、生麦村《なまむぎむら》（現横浜市）では「此節《このせつ》浦賀え異国船参り物騒敷候《ものさわがしくそうろう》に付《つき》、村々遠慮いたし候」として、鎮守の祭りの神輿《みこし》出しが延期になった（『幕末維新の民衆世界』）。石下にも早速知らせが来て、六月一二日には本石下村の知行旗本である興津《おきつ》健之助の命によって、本石下、館方、若宮土から人足と宰領《さいりょう》（運送の荷物を管理し人夫を取締まる人）七人が徴発されていった。江戸の警護のためでもあったのだろう。

また一五日には、他の各地と同じように石下でも下妻《しもつま》にある大宝《だいほう》八幡神社に護摩《ごま》料五〇〇文を納めて、異国船退散のための祈祷《きとう》を行った。毎年恒例の祇園《ぎおん》祭も急遽《きゅうきょ》とりやめになった。

幕府は黒船の出現によって動揺をきたした人心を鎮《しず》めるために、江戸市中はもとより近在《きんざい》の村々にも触書《ふれがき》を出して、むやみに騒ぎたてることがないよう心掛けよ、と戒《いまし》めたが、そのようなことではおさまりはつかなかった。

石下の名主たちのところへも、不穏《ふおん》に乗じて悪党どもの立廻りが予想されるので村々は取締まりを厳重にせよ、米価の急騰《きゅうとう》を見込んで買占め囲《かこい》持ちをするな、というような御沙汰《おさた》があった。

九月になると、今度は台場普請《だいばふしん》役人からの廻状《かいじょう》（村々に用件を通達するための書簡、名主の間で回覧する）が石下に届いて、鬼怒川通りの三〇〇俵積みの船は急いで布施河岸《ふせがし》（現千葉県柏市）に回すようにとの命令が下った。

幕府は先月から江戸湾品川沖に台場（砲台）の建設を始めており、大急ぎで一一ヵ所も作る予定なので、そのために沢山の資材とそれを運ぶ船が必要になったのである。

四石下（上・中・本・新）惣代《そうだい》の問屋野《の》村甚《むらじん》右《え》衛門《もん》が布施河岸に差し向けた船には、押戸村（現城県取手市）の御林から伐《き》り出された松丸太がいっぱいに積まれて、利根川を遡《さかのぼ》り、関宿からは江戸川を下って品川沖へと向かって行った。

また一一月には、先の興津健之助が知行地名主に「異国船渡来に付き御入用金」として高《たか》一〇〇石につき二両当てを上納せよ、と命じてきた。この興津健之助は、次の年にも「武器取《とり》繕《つくろい》其外《そのほか》入用」として一〇両を要求している。

二〇〇年以上の長い間、武士たちは刀や兜《かぶと》を実戦で使うことがなかった。ボロになった武具を修繕したり、新たに高値で中古品を求めたりして大いに慌《あわ》てたらしい。

武具馬具屋　渡人《わたんど》（アメリカ）さまと　そっといい
町なかへ　うちいでてみれば　道具屋の　よろいかぶとの　高値売れつつ

日頃何かにつけて威張りくさっている侍たちが武器調達に走り回る姿は、江戸の庶民にはひどく滑稽《こっけい》に見えたのだろう。

ペリーは次の年（一八五四〈安政元〉年）の一月にも再びやって来て、今度は江戸湾内深く羽田沖まで入り込んで来た。幕府は初め、ペリーの要求に対してはっきりしたことは答えずに、ぐずぐずだらだらと時間かせぎをして交渉をやりすごし、そのうちに追い返そうと考えていたのだが、うまくいかなかった。そして三月三日、ついに幕府とペリーとの間に日米和親条約が締結された。

黒船騒ぎが去ってしまうと、再び静かな毎日が戻ってきた。七年の歳月が流れ、一八六〇（万延《まんえん》元）年になった。三月、鬼怒川筋の村々に、関東取締出《で》役《やく》から七日付の急御用の御達《おたつし》が送りつけられてきた。そこには、

当月三日の朝、江戸桜田門外において乱暴に及び、逃亡したものの召捕方《めしとらえかた》の急御用を仰《おお》せつける。右手配中は沙汰があるまで、指定の渡船場は朝六ツ半時［七時］から夕七ツ半時［五時］までは使用してよいが、七ツ半過ぎからは使用禁止とする。指定の渡船場以外の百姓渡しの分は、村用の外《ほか》、旅人など渡すことは一切禁止する。渡船場には番非人二人おいて、心得違いなどせぬように村内に周知徹底させよ

（『石下町史』）

と書いてあった。

三月三日に井伊直弼《いいなおすけ》が江戸城桜田門外で水戸藩浪士（藩籍を離れた武士）に刺殺された。襲った浪士一八人は、一人は即死、重傷を負った四人は直後に自刃《じじん》（刀剣を用いて自殺すること）、八人は自首、残る五人は逃走した。逃げるとすれば水戸方面であろうということから、江戸から水戸へ通じる街道筋（水戸街道や脇街道の鬼怒川通りなど）にいち早く知らせが来たのである。

鬼怒川の渡船にかかわる石下の村々ではそれを受けて、決められた時間を厳守して通船させ

ること、見知らぬあやしい者は昼でも渡船させないこと、渡場《わたしば》で半鐘《はんしよう》や太鼓《たいこ》などが鳴った時には昼夜かかわりなく集まることなどを申し合わせた。

そして、川の両岸に設置されている詰番所での警戒は、いつになく厳《きび》しいものになった。役人から詰番の衆に出された心得には細かく具体的な指示が与えられ、緊張のほどがうかがい知れる。

武家方《ぶけがた》――宿所ならびに主名家来《しゆめいけらい》は何の誰か
但《ただ》し、何村《いずむら》を出立《しゆつたつ》し　何方《いずかた》へ行くのかを実筆にて記載させ、その様子や姿を
見はからって通船させること
出家社人方《しゆつけしやじんがた》――地頭姓名《じとうせいめい》ならびに国所、山号寺号僧名《さんごうじごうそうめい》を尋《たず》ねる
但し、前と同様に実筆にて記載させること
旅掛《たびがかり》遠国商人《えんごく》――国所地頭姓名ならびに所持の帳面などを改め、たしかなる者であれば
通船させること［以下略］
（『村史　千代川村生活史』）

鬼怒川の小さな舟の行き来に鋭い監視の目が光るようになった。幕府と水戸藩との緊張が高まれば、江戸と水戸とをつなぐ諸街道も影響を受ける。特に橋の架かっていない大きな川の渡

船場には、不審者が現れる可能性が高かったから油断はならなかった。

取締期間中には、夜中に深笠をかぶった侍姿の四人組が本石下村の百姓弥次右衛門宅へやって来て、舟を出してくれと言うので断ると、刀に手をかけて脅《おど》し無理矢理川を渡って行ったというような事件が起きたり、本宗道《ほんそうどう》（旧茨城県結城郡千代川村、二〇〇六年一月より市町村合併により下妻市となった）の渡船場取締所から、八、九人連れの侍が西へ向かったのでなお厳重に取締まるように、という知らせが入ったりした。

三月上旬から始まった取締まりは八月になってやっと解除され、いつもののどかな渡船場風景にもどった。期間中大きな事件はなかったものの、長い間行き来を制限された村人や商人たちは、さぞかし不自由な思いをしたことだろう。

水戸藩の浪士たちが幕府大老を暗殺するという大事件を起こしたのは、七年前に黒船が日本へやって来たことに原因があった。

ペリーが来航して幕府が押し切られるように日米和親条約を締結すると（一八五四〔安政元〕年）、同じように国交を求める国が次々と来日して条約締結を迫った。

幕府はこうした外圧をはねのける力を持たず、その後二年間にイギリス、ロシア、オランダとも和親条約を結んだ。このような幕府の弱腰な態度に不満を持つ者は多く、特に激しい攘《じょう》夷論《いろん》（外国を撃退する）を唱える水戸藩の反発は強かった。

一八五八（安政五）年四月、井伊直弼は大老に就任するやいなや、幕府内に生じている厄介《やっかい》な問題に次々と決断を下していった。六月一九日には天皇の許し（勅許《ちょっきょ》）を得ないまま日米修好通商条約を締結し、六日後の二五日には、将軍の跡継ぎを一橋慶喜《よしのぶ》（当時一七歳、前水戸藩主徳川斉昭《なりあき》の子）を斥《しりぞ》け徳川慶福《よしとみ》（八歳、紀州藩主）とすると発表した。また九月になると、幕府に批判的な幕臣・大名たちや尊皇攘夷《そんのうじょうい》論者に対して大弾圧を加え始めた（安政《あんせい》の大獄《たいごく》）。尊皇攘夷運動の先頭に立つ水戸藩にとっては、憤懣《ふんまん》やるかたないことばかりだった。そして、その頃から浪士となって過激な仕業《しわざ》をなす者が目立ち始め、謀《はか》って井伊直弼を襲ったのである。

その後もイギリス公使館東禅寺襲撃事件（一八六一〔文久元〕年）、老中安藤信睦《のぶゆき》（信正）暗殺未遂事件（坂下門外《さかしたもんがい》の変、一八六二〔文久二〕年）と水戸の浪士による事件は続き、ついに一八六四（元治《げんじ》元）年には筑波山《つくばさん》で挙兵した（天狗党《てんぐとう》の乱）。

この筑波勢《ぜい》（天狗勢・波山《はざん》勢ともいう）は、蹶起《けっき》した時にはほんの六、七〇人ばかりであったが、数日のうちに一七〇人ほどにもなったという。彼らはその後筑波山を下りて日光東照宮へ向かい、更に南下して太平山《おおひらさん》（現栃木県栃木市）に根城を構えた。檄《げき》文を発したり、軍用金を調達したりしながら籠城《ろうじょう》していたが、二ヵ月ほどすると再び筑波山に戻って来た。この時人数は七、八〇〇人にまでふくれ上がっており、幕府にとっても、水戸藩内で実権を握りたい諸生《しょせい》派にとっても、看過《かんか》できない勢力になっていた。幕府は筑波勢追討を決断、彼らは追われる身となった。国を思う尊皇攘夷の志《こころざし》を「姦邪誤国之罪《かんじゃごこく》を正し醜虜外窺之侮《しゅうりょがいきのあなどり》を禦《ふせ》ぎ、天朝幕府の鴻恩《こうおん》に報ぜんと欲するにあり（道理にはずれ国を誤る罪を正し、外からすきをねらってい る奴らが馬鹿にするのを拒みさえぎり、天朝と幕府の大きな恩にむくいたい）」（『茨城県の百年』）と檄文に書いた者たちが、その幕府に討伐されるとは皮肉ななりゆきである。

追討軍三〇〇〇人あまりと水戸藩兵七〇〇人あまりの連合軍は、下館《しもだて》と下妻《しもつま》を拠点に高道祖《たかさい》原（現茨城県下妻市）で筑波勢と激しい戦闘をくり広げた（七月七日〜七月九日）。

本豊田村から北へ六、七キロほど行った新宗道《しんそうどう》村の名主静兵衛《せいべえ》は、その前後の様子を詳しく書き記して領主に送った（七月二〇日付）。

……六月二五日夜、およそ一〇時頃、御誠心の御勇士様方［筑波勢のこと］五、六〇人あまりが本宗道《ほんそうどう》村の旅宿にやって来ました。その時、近くの村々に仰せ渡されるには、明日二六日に筑波山から五〇〇人ほど繰り出して来るから、馬五〇〇匹人足五〇〇人を用意しておけとのことなので、近くの村々一同急いで申し合わせをしました。本宗道・新宗道に右の人馬を集めておいたところ、二六日夜に入り、一〇時頃本宗道村の森新三郎方に保管してあった年貢米七五四俵、そのほか同村の五左衛門方で米五二俵、同じく仁平の蔵の米五〇俵、全部で八五六俵をお買い上げになり、同夜のうちに右の人馬で道のり一里半

〔約六キロ〕隔たっている高道祖村まで付け送りました。翌二七日になると菊池角右衛門様の分として当村の源七の蔵より米三五〇俵、本石下村の茂右衛門方より米七〇俵、しめて米四二〇俵を右同様高道祖村まで送りました。そのほかにも所々に御通行があり、二六日から二九日までに限らず、昼も夜も村々一同の一五歳から六〇歳までの者は人馬勤めに出ました。

後日、鬼怒川の西から馬に乗った一〇人ばかりが鎌庭河原《かまにわがわら》へやって来て、その御勇士方はにわかに騒ぎ立て、その夜中に人馬一同は高道祖村まで連れて行かれ、翌朝ようやく帰って来ました。

なおまた本宗道村へ御勇士を見張る役人様方が宿泊し、これまた昼も夜も人馬勤めを仰せつけられ、村役人一同を添えて御用向きを勤め終えたところ、今度は江戸から下妻町へと集まった御役人様方が大勢で旅館に泊まりました。

そうしたところ、七月八日の明け方、御勇士方がおよそ一〇〇人あまりも筑波山より繰り出して来ました。いずれも甲冑《かっちゅう》〔よろいかぶと〕を身につけ馬に乗り、めいめい抜身《ぬきみ》・槍《やり》・鉄砲をたずさえ、途中高道祖村を焼き払い、そこから小貝川を越えて、にわかに本陣のある下妻町の多宝院《たほういん》に押し入りました。九日朝一〇時頃まで合戦《かっせん》となり、双方とも死人やけが人は数知れず、下妻坂本町は残らず焼き払い、引きあげながら田町や堀籠両村にも火をかけ、筑波山へお引き取りになりました。

江戸から来たお役人たちは下妻町の旅館にお引き取りになり、半谷村の野原に固めおいた野陣も引きあげました。多宝院の焼けあとには死人数多《あまた》が今もってそのままに捨て置いてあり、一〇日の明け方には下妻御城中（陣屋）は御家中《ごかちゅう》自身が火をつけて焼き払い、江戸表《おもて》へ訴え出るという次第になりました。

そのため下妻の町の中は老若男女一人も家をあけることができず、他の親類に逃げ去り、すでに本宗道村・新宗道村は焼き払われそうなので、村中の者も残らず他の親類へ移りました。この上またまた江戸表から御役人様が繰り出して来るようなことがあれば、逃げ去る心づもりで、今晩のことさえ分かりません。

なおまた、このたび御役人様方が御出馬になるとおっしゃるので、大いに困り果てているしだいで、田畑の収納などもおぼつかないと存じます
そして、「右のように申し上げるしだいなので、貸金は言うに及ばず、質物《しちもの》など取りおいたものもなく、立て替えにも差しつかえており、困窮が永《なが》いので上納金はご猶予《ゆうよ》下さればありがたきしあわせでございます」と結んでいる（『村史 千代川村生活史』）。

筑波勢は何百人もの兵の食を賄《まかな》うために、近在の村々から大量の米を調達しなければなら

なかった。名主静兵衛は筑波勢が米を買い上げたとしているが、なかば強奪《ごうだつ》のようなものであったろう。石下では酒造業日野屋が土蔵の中の米二〇〇俵を強制的に献納させられている。また、名主や豪商をねらった軍用金の巻き上げも甚だしく、本豊田村の周辺新石下村、本宗道村、大園木《おおぞのき》村、水海道《みつかいどう》村あたりにまで取り立ての手が迫ってきていた。小貝川を越えれば筑波山は目と鼻の先だ。庄右衛門もいつ自分のところに筑波勢が現れて、金を出せ米を出せと脅されるかと、ひやひやしたことだろう。

二ヵ月あまりが過ぎても不穏な空気は去らなかった。幕府の関東取締出役からは次のような廻状が届いた。

組合村々規定の事

筑波山集屯《しゅうとん》の賊徒共《ぞくとども》［筑波勢のこと］、今般《こんぱん》追討の御役々様方御出陣なされ御座《ござ》候《そうろう》ところ、もし万々一右賊徒のうち逃げ去り来たり、または悪党ども村々へ立ち回り候節は、かねて前々御達も御座候類《たぐい》の竹槍《たけやり》・得物《えもの》［得意とする武器］をもって相《あい》防ぎ、もし手余り候みぎりは突殺《つきころし》、打殺《うちころし》候ども苦しからず候

他にも、賊徒または悪党どもが立ち回ったときには、太鼓・板木・半鐘を打ち、その音のす

る村へは竹・竹槍・竹具などを持って駆けつけ、突きとめて召し捕らえよ、賊徒悪党どもを突き殺したときには、一番槍の者には褒美《ほうび》として金五両、二番槍の者へは金二両を差しつかわす、賊徒から手傷を受けて死んだら葬式 賄《まかない》 回向《えこう》 料《りょう》には二両出す、というようなことまで書いてある（『村史 千代川村生活史』）。

四年前に水戸の浪士たちが江戸城桜田門外で乱暴をはたらき、そのために鬼怒川の渡船場の見張りが厳しくなったことがあったが、その時とは比べものにならないほどの恐ろしさである。

筑波勢は下妻での戦闘の後、各地を点々としながら幕府軍や諸生派と衝突を繰り返していたが、一二月半ば北陸加賀藩に投降した。

筑波山周辺に穏やかな日々がかえってきた。けれども、人々の心に生じた「物騒《ぶっそう》な世の中になったものだ」という感慨は、容易に消し去ることはできなかった。

江戸から離れた本豊田村にいても、世情の動きは様々に伝えられてきた。関東取締出役からは、悪党や強賊、無宿人の横行に対して治安を強化せよ、昼夜なく警戒せよ、というような廻状がたびたび届けられるようになった。これは、幕府の力では押さえられないほど治安が悪化してきている、ということだった。

また、鬼怒川を船で江戸まで行き来している船頭や河岸《かし》の商人たちは、世間のいろいろなことを知っていて、社会の動きに敏感だった。

世の中が天下太平であった頃は物価も安定していたが、天狗騒動の次の年あたりから江戸の米相場は急騰《きゅうとう》し続け、何もかもがそれにならって値上がりした。新石下村野村河岸、水海道河岸、宗道河岸などの商人たちは、世の中の変動を金の動きで感じとったにちがいない。そして、そうした話は人の口から口へと伝わっていった。

庄右衛門は他の村の名主たちの話をよく聞き、方々から聞こえてくる噂にも注意深く耳を傾けたことだろう。幕府と幕府に反対する侍たちの考えがどのようなものなのか、詳しいことは分かりかねても、その攻防に無関心ではいられなかった。それというのも、本豊田村を含む石下地域全体は天領（幕府直轄地）や旗本領であったから、幕府に万が一のことがあれば我々はいったいどうなるのか、という不安がひときわ強かったためである。戦いの埒外《らちがい》に置かれている者たちには、災禍《さいか》が及ばないよう案じることしかできなかったが、たとえどんなことが降りかかったとしても、米作りだけは休むわけにはいかないのだった。

一八六七（慶応三）年一〇月、一五代将軍徳川慶喜が大政《たいせい》を奉還《ほうかん》した。二五〇年以上も握ってきた政権を朝廷に返上したのであるから、これで尊皇倒幕派の天下になったかと言えばそれ程簡単なものではなく、最後の勝敗を決するための戦《いくさ》が全国各地で始まった（戊辰《ぼしん》戦争、一八六八年一月三日〜一八六九年五月一八日まで）。

江戸城が倒幕派（新政府軍）によって接収され、慶喜は水戸へ退却して謹慎すると決まると、旧幕府軍や旗本たちのうち、こうした成り行きに強い不満を持つ者たちは相次いで江戸から脱していった。

江戸城明渡し当日（四月一一日）には、海軍副総裁であった榎本武揚《えのもとたけあき》が軍艦八隻を率いて品川沖から房州館山方面に逃れた。次の日には、旧幕府軍歩兵奉行白鳥圭介《しらとりけいすけ》以下二〇〇〇余人が市川国府台《こうのだい》に集結した。同陸軍撤兵隊《さつぺいたい》一五〇〇余人も陸と海から江戸城を離れ、数日のうちに木更津周辺に達している。彼らは房総を占拠する計画であったという。他にも忠義隊、誠忠隊、純義隊といった一〇〇〇余人も、長槍や長剣をたずさえ、古びた武者絵のようないで立ちで江戸を抜けた。

彼らは、千住《せんじゅ》－新宿《にいじゆく》－金町《かなまち》－（江戸川の渡し）－松戸と水戸街道ぞいに逃走し、沿道の寺や大きな農家商家などに泊まり、周辺から金を巻き上げながら北上を続けた。新撰組土方歳三《ひじかたとしぞう》ら七〇〇人あまりが守谷《もりや》（現茨城県守谷市）を抜けて水海道に現れたのは、江戸を離れてから四日目、四月一六日のことだった。一隊は水海道から船に乗って鬼怒川を上り、石下を過ぎて宗道河岸に上陸した。そして徒歩で下妻に至ると、陣屋を取り囲んで米や金・弾薬などを奪っていった。また、忠義隊、誠忠隊など一〇〇〇人あまりも一日二日遅れて水海道に現れ、関宿《せきやど》から結城方面に向かった。

四月二〇日には本石下村から一〇キロほど西の鵠戸村《くぐいどむら》（現茨城県坂東市《ばんどう》）で、とうとう合戦が始まった。水海道から入ってきた「江城《こうじょう》の脱走人（大村益次郎が岩倉具視《ともみ》に宛てた手紙による）」たち一五〇〇人あまりと、それを追ってきた洋式軍隊の新政府軍が、早朝霧の中で交戦したのだ。村人たちは突然の銃声や大砲の音に脅え、女子供を鎮守の森に隠したり、鵠戸沼の崖下に潜《ひそ》んだり、田畑にうずくまったりして身を守ったという（『岩井戦争　武総野の官軍と旧幕軍』）。戦闘は数時間のうちに旧幕軍に多数の死者を出して終わり、残党は松戸や流山《ながれやま》、千住あたりまで逃げ延びて降伏した。

新政府によって五箇条《ごかじょう》の御誓文《ごせいもん》が発布され、旧幕時代の高札《こうさつ》（掲示板）は撤去して五傍《ごぼう》の掲示に立て替えると発表されたのは三月のことであったが、四月に入ってからの事態を見れば、古い時代が去りつつあることは誰の目にも明らかだった。しかし、村に新しい政府の役人がいつ来るのかは分からなかった。名主や組頭たちが村人の動揺を抑え、村の治安を守るために払った気苦労は大変なものであったろう。

七月末、結城郡役所（新政府側）から石下の名主惣代のところに書状が送られてきた。そこには、「奥州白河口《おうしゅうしらかわぐち》軍夫方から高百石につき人足一人を一歩［分］掛けでこちらによこしてほしいと仰せつけられたので、組合村々に相違なく申し置くように」と書いてあった。奥州白河口は会津若松の南の入口にあたり、新政府は会津を討伐するために、荷物運びの軍夫を大勢必要としていた。

本石下村名主大惣代五郎左衛門ほか二四ヵ村の名主たちは、議定書《ぎじょうしょ》を交わして人足を送り出すことにした。取り決めの内容は次のようなものである。

一　正人足一人に付き金一分、往返入用一朱渡す事。但し一人前玄米五合、銭三百文を賄料とする

一　白河宿往返八日、中二十日勤め、都合二十八日分の人足小遣いは其村限り渡す

一　軍夫宰領が怪我《けが》した場合には、村々相談の上相当の手当をする。万一死亡した場合には、当人の村方が難渋《なんじゅう》しないように誠意をしめす［以下略］　（『石下町史』）

本豊田村は村高六五九石であったから、六人が白河口まで行った勘定になる。夏の仕事の忙しい時期に二八日も家を空け、無事に帰ることを願いながら故郷を後にするのは辛いことであったろう。会津の戦争は八月二三日から九月二二日まで戦われ、他の奥羽越《おおうえつ》諸藩ともども新政府軍に征圧された。

東北征覇《せいは》を果たした新政府軍は、一〇月一三日東京に凱旋《がいせん》してきた。そしてちょうど同じ日、天皇も東京に到着した。大久保利通は「此時《このとき》［天皇の行列が東京に着いた時］、奥羽平定官軍、凱歌を奏し帰府《きふ》、数千、あにまた偶然か」（『江戸が東京になった日』）と日記に記したが、これ

は内乱が平定され、新しい時代が来たことを人々に知らしめるための演出であったのだろう。

天皇の行列は三週間あまり前に京都を発つと、「下《した》いろう、下いろう」というかけ声と、楽隊のドドンドドンと打ち鳴らす陣太鼓の音とともに東へ東へと進んで来た。その途次、天皇は沿道の老人には慰問の金品を、災害の罹災者《りさいしゃ》には見舞金を、孝行な子どもや貞節を守る婦人には褒美《ほうび》を与えた。時には農民や漁民の働く場にも姿を見せ、新しい統治者であることを印象づけた。

長州征伐のために将軍家茂《いえもち》自らが先頭に立って、江戸から西へと大行列が進んで行ったのはわずか三年前のことであったが、今、東京に着いた天皇のそばには長州生まれの新しい権力者たちが控えていた。

一〇月半ばからひと月ほどの間、東北から南へ上る諸街道は、戦が終わって引き上げる兵や軍夫たちの通行で混雑していた。『幕末維新の民衆世界』によれば、当時の様子は次のようであった。

一〇月一七日……官軍のお登り［帰還］で、道中筋は賑々《にぎにぎ》しく宿々はごった返し、荷送り人足が不足して困った。一九日、芦野《あしの》［那須町］まで上ると、大村侯・土佐侯の御人数などがお泊まりのため、駅中大騒ぎで泊まれる宿屋は一軒もない。……二二日、宇都宮から日光東街道に入り、結城に泊まった。翌二三日、関街道を上って境河岸に出た。土佐・大垣・大村各藩の荷物でごった返している　　　　（『見聞《けんもん》日録』より）

十一月に入ると毎日のように、奥州より帰国する官軍が水戸城下の下町を通った。宿割や人足でたいそう難儀したが、大高家がある馬口労町にも連日百人ほど当たった。七日から九日まで、佐倉の御人数三〇〇人が当町に逗留《とうりゅう》した　　　　（『水戸大高氏記録』より）

官軍の帰還は一一月二〇日過ぎには大方終わり、軍夫として狩り出されていた農民たちも役目を解かれてそれぞれの故郷へと戻っていった。本石下村や近隣二四カ村から軍夫が白河口へ向かったのは八月上旬のことであったが、彼らもまたこの頃までには自分の村に帰り着いたことだろう。

長く続いた騒乱もようやく終わった。

時代は「明治」と呼ばれるようになり、江戸もしばらく前から「東京」と改まった（七月一七日より）。

黒船が来たときにはまだ若かった庄右衛門も、騒がしい世の中にもまれているうちに、いつしか四七歳になっていた。

二　稲葉庄右衛門の明治維新

稲葉庄右衛門《いなばしょうえもん》の屋敷は、小貝川の西岸にある自然堤防の上の古い道から、少し西に入ったところに建っていた。

屋敷の中には、南向きに茅葺《かやぶ》きの母屋《おもや》、米俵や麦などの穀物を入れておく土蔵、農具や収穫した作物を一時的にしまうながや（納屋）などがあり、周りは強い風をさえぎるためにぐるりと生垣《いけがき》で囲ってあった。特に西側には大きな樫《かし》の木が何本も植えられていて、冬になると吹きつける「日光おろし」と、それが巻き上げる土ぼこりから家を守っていた。

母屋の引き戸のとぼ口（出入口）を開けると、中は薄暗くて広い土間になっている。ずっと奥の方にはへっつい（かまど）があり、水がめなども置いて台所として使っている。このへっついに大きな鍋や釜を掛けて、薪をくべながら三度三度の煮炊きをするのは女たちの仕事である。

田植えや稲刈りに追われる忙しい時期の昼飯は、野良《のら》で握り飯を食べることもあるが、場所が近ければ家まで戻って来る。そんな時は手足や野良着についた泥を落とす暇も惜しいから、土間の上がり端《はな》の板敷きに腰掛けたままで食べる。たいがいは茶漬けをかき込み、漬け物をつまむぐらいのものだ。手際が悪くてのろのろしたことをやっていると、「へっついから上がり端まで歩いて来る間に、茶漬けの一杯ぐらい食ってしまえ」と怒鳴られたりする。

雨が続いて陽当たりのよい前庭が使えない時には、この土間で稲の脱穀や籾摺《もみす》り、籾の俵詰めなどをする。冬にはここで餅をついたり、よわり（夜業）に縄を綯《な》ったり、筵《むしろ》や俵を編んだりする。隅の方には馬小屋もあり、一頭が大切に飼われている。土間というのはその家の顔のようなものだから、どんな仕事をした後でも散らかしたままでおくことはない。いつでもきれいに掃き清め、こざっぱりとさせておくのが長い間の習いとなっている。

この家には玄関というようなものは特にない。庄右衛門に用事のある者は、縁側に腰掛けるか、太い敷居をまたいで土間に顔を出して、上がり端のところで話を済ませて帰ることが多い。座敷にまで上げてもてなすのは、庄右衛門より格の高い客人が来た時か、冠婚葬祭のために親類縁者が集まった時に限られる。雇いの作男、顔見知りの行商人、隣近所の女房や子どもたちは、土間の裏手の台所に通じる勝手口からかけ声ひとつで出入りしている。

座敷は八畳が田の字型に四つ並んでいて、南の二部屋は表座敷と呼んで人寄せをするときに使っている。その時は帯戸《おびど》（板でできた戸）をとっ払って広くするが、畳はなく板の間にせいぜい筵が敷いてある程度である。家の者たちは北側の部屋で寝起きをしており、こちらには畳が入っている。母屋の裏には味噌部屋（味噌蔵）があり、一年分の味噌や醤油、漬け物などが仕込んである。つるべ井戸や風呂、手水場《ちょうずば》（便所）なども母屋の外だが、村の暮らしにはかえってその方が仕事がしやすいので、不便だということはない。庄右衛門の屋敷はこのあたりではどっしりと大きい方の部類に入るが、本石下《もといしげ》や向石下《むこういしげ》・崎房《ざきぶさ》あたりの大百姓の、門や玄関のついた広い屋敷に比べれば質素な方である。田畑の耕地面積も二町歩《ぶ》程度と、さほど多くはない。

南に向いた前庭の先には、うっそうとした木々とクマザサの藪《やぶ》が広がっている。ここからは見えないが、そのこんもりとした木々の向こうには竜心寺《りゅうしん》と八幡《はちまん》神社（八幡様）があり、夏にはひんやりとした風が吹き抜けてくる。冬には北風を直截《せつ》に受けて、ゴーゴーザワザワと木が揺れ騒ぎ、いつでも次の日はひときわ寒い朝がやってきた。

村の中には他にも大きな木はあったが、竜心寺と八幡神社を囲む木々には特別の気配がただよっていた。それはこの小さな森が生と死に深く関わるが故に、人々が怖《おそ》れのような気持ちを抱いたことからきている。村人たちは喜びや悲しみのたびにここを訪れ、神や仏に平安を願い、心のよりどころとしてきた。神社や寺はずっと昔から、村の暮らしの軸のようなものだった。

本豊田《もととよだ》村は竜心寺と八幡神社の森を境に、南側にある集落を北宿《キタチク》（習慣的にキタシクではなくキタチクと呼んでいる）、庄右衛門の屋敷から少し北までを新宿《アラシク》、それより更に北を宿《シク》（上《かみ》と下《しも》がある）と呼び分けるのが習いになっている。それぞれ二〇〜三〇戸がひとかたまりになっていて（一七五七〔宝暦七〕年に七五戸、一八九一〔明治二四〕年に八四戸であったことから推察して）、全体では八〇戸前後というところであろう。

南北に細長い本豊田村の一番南に北宿、北に宿、両者に挟《はさ》まれるようにして新宿があるというのもおかしな話であるが、こうなっているのもかつて建っていた豊田城に関わりがあるらしかった。豊田城は北宿のすぐ南にあったとされているが、一三四六（正平一）年頃に豊田氏一二代善基《よしもと》が築いたとも、豊田氏の始祖豊田四郎政基《まさもと》（将基）の城であったとも言われ、いつ頃誰によって建てられたのか、はっきりしたことは分かっていない。城域は小貝川沿いに広がっていたらしいが、城とは言っても大きな平屋の侍屋敷のようなものであったのだろう。豊田氏は城を構えると同時に、城のすぐ北に北宿を置いて農民や配下の者たちを住まわせ、六五〇メートルほど北には宿を置いて、北方からの万が一の攻撃に備えた。

そのまま二〇〇年あまりが過ぎ、やがて戦国の世となり、豊田氏は下妻周辺で勢力を拡大していた多賀谷《たがや》氏の南進の脅威《きょうい》にさらされるようになった。そして一五七八（天正六）年頃、豊田治親《はるちか》（豊田四郎とも名乗る）が多賀谷方に通じている重臣に謀殺されると、城は落城し、一族も滅びた。その後多賀谷氏の支配のもとに宿と北宿の間に新たに新宿が設けられ、細長いひとかたまりの村ができあがった。竜心寺もそれと同じ頃に建立《こんりゅう》されたと言われている。

その多賀谷氏も関ヶ原の戦い（一六〇〇〔慶長五〕年）の時には西軍の石田三成《みつなり》方についたため、徳川家康に領地を追われて滅亡した。

こうした徳川将軍より昔の話など誰も知る由《よし》もないが、村の古老の語る昔話の中には、ひょっこり顔を出すことがあった。

昔々、北宿の先にあった豊田城には豊田四郎将軍という殿様がいたんだと。一方、下妻には多賀谷って殿様がいて、多賀谷の娘をこっちの嫁にもらうことになったんだと。その娘は親から毒を盛って豊田四郎将軍を殺せと言い含められていて、言われた通りに殺してしまった。この時とばかりに多賀谷の軍勢が攻めてくると、豊田城の人々はみんな逃げ出して、どこかへ行ってしまったんだ。どこへ行ったのかはわからないが、今でもどこかで生きてるはずなんだとよ。それにほれ、上宿の先の方には「見張りの松」って大きな松があるだろう。豊田方じゃ、あれに登って多賀谷のことを見張ってたんだという話だ

稲葉家も多賀谷氏が下妻から進出して来た時に、新宿の住人になったのであろうか。庄右衛門の家が竜心寺の檀家総代を務め、下妻から僧侶が来た時には、庄右衛門宅で法衣に着替えて竜心寺に出向くしきたりになっていることを考えると、きっとそうなのであろう。

竜心寺にある稲葉家の墓所には、雨風にさらされ表の削られてしまった古い墓石がいくつも並んでいる。中に一つだけ元禄（一六八八～一七〇四年）と読めるものがあるから、その頃にはすでに住んでいたと分かる。とにかく、詳しく勘定できないほど昔からここで暮らしていることだけは確かだ。

時代がざわざわと忙しくなり、「慶応」から「明治」へと変わった時、庄右衛門は四七歳の働き盛りであった。長男の庄三郎は二二歳、次男の豊之助は一七歳、長女の志奈は一三歳になっている。世の中が変わる、御一新《ごいっしん》を迎えるということは、庄右衛門や村の人々にはいったいどのように理解されたのだろうか。

庄右衛門には、徳川の侍たちが戦に負けて公方様《くぼうさま》（将軍）は水戸へ引っ込み、これからは天朝様（天皇）の世になるということまでは分かったろう。けれども、それ以上のことは見当がつかなかったのではあるまいか。昔、冷害・水害といった自然の災害によって、このあたりの人々が生きるか死ぬかの瀬戸際に立たされたことは何度もあったと、老人たちは語ったであろう。庄右衛門が生まれてからも、大飢饉《ききん》に見舞われたり（天保《てんぽう》大飢饉、一八三三〜一八三九年）、暴風雨によって鬼怒川が決壊したりして苦労した。

だが、今度のようなことは誰も経験がなかった。

当時の農民たちの心の有りようが、幕府を見限って新政府への期待に傾いていったことは、一八六六（慶応二）年から一八六九（明治二）年頃の政権転換期に、全国的に一揆《いっき》や村方《むらかた》騒動が多発して、「世直し」を求める声が大きくなったことからも分かる。同じ頃に「均田徳政《きんでんとくせい》（田を平等に分け与える）」の流言《りゅうげん》が全国に広がり、消えてはまた現れるということを繰り返したのも、新政府への期待の表れであったのだろう。また、幕末の越後では誰言うとなく、薩《さつ》長《ちょう》が天下を取れば年貢三ヵ年は免除される、と伝えられていたという。

庄右衛門や村役人たちは、新しい役所からの指示に注意を払い、村人たちの不安を鎮《しず》めて毎日無事に日を送るだけで精一杯であったろう。稲刈りが終わり、稲こき（脱穀）籾摺りが済み、玄米を俵に詰めて一年の大仕事が片付く頃には、一八六八（明治元）年の年も暮れた。

新しい年を迎えて二月、本豊田村をはじめとする石下全域は若森県に所属することになり、小貝川を渡って一〇キロほど東にある若森県役所の指揮下に入った。下総国《しもうさのくに》に属していた鬼怒川西岸の岡田郡と東岸の豊田郡は、ほとんどが天領と旗本領であったため、去年六月にはすでに新政府の直轄地となり、常陸知県事《ひたちちけんじ》下におかれていた。それが今度は若森県である。着任した若森県知県事池田徳太郎の最初の仕事は、治める土地の農民たちの動揺を押さえつつ、新政府の政策や意向を下におろすことにあった。さっそく三月には『村名主心得条目《むらなぬしこころえじょうもく》』が出され、各村に廻達された。そこには次のようなことが書かれていた。

村名主心得条々
一　名主役の義は一村の長として百姓どもへ伝達の事件を始め、平生諸世話駆引《へいぜいしょせわかけひ》き等その役務たり、時により村中に惣代立てることに付きかねども、御仁政《ごじんせい》の御趣意を奉じ精勤とげるべきこと

一　役威《やくい》におごり尊大驕奢《そんだいきょうしゃ》（えらぶってぜいたく）の所業かたくこれを誡《いまし》め、村内百姓どもより申し出る義を是非をもわかたず（判断せず）さし押さえ情実《じょうじつ》を上達せず、あるいは訴訟等につき賄賂《わいろ》を請《う》け依怙《えこ》（不公平）の取りはからい等いたすまじく、方正廉直《ほうせいれんちょく》（行いや心が正しく潔白で正直である）を旨《むね》とし修理《しゅうり》（きちんとした理由）明らかに取りはからうべきこと

一　百姓離散せざるように相《あい》心がけ、貧窮《ひんきゅう》のものあらば難渋《なんじゅう》いまだ行詰《いきづま》らせるうち扶助の手立てをなすべし

一　田畑荒らさずよう堤防溝川道橋等修補《しゅうほ》怠《おこた》るべからず［以下略］

そして他にも、「御米蔵の儀つねづね心がけ、雨もり等これ無き様いたすべし」「凶年飢歳《きょうねんきさい》の手当怠り無く心配りのこと」といったことが書いてあり、全一三ヵ条の終わりの方には、「村内すべて和議をすすめ悪を誡め風儀を宜《ぎ》にし［風習や作法をほどよくする］導事村役人忠勤方にあり、心得方よろしからずものあらば慇懃《いんぎん》［ていねいで礼儀正しい］に教諭を加え行状《ぎょうじょう》［日々の行い］を改めしむべし」と、村を安泰に保つよう重ねて釘をさしている（『村史　千代川村生活史』）。

この『村名主心得条目』は、次の年（一八七〇〔明治三〕年）の九月にも再び村々に通達さ

れた。中央では版籍奉還《はんせきほうかん》（一八六九〔明治二〕年）が行われ、諸藩主は版（土地）と籍（人民）を朝廷に還納し、藩主はとりあえず知藩事に任命されてとどまっていた。

しかし、この間（明治二、三年）の新政府にとって、差しあたって重要な仕事は、中央省官庁を整備確立することの方にあった。薩長を中心とする政府要人たちは、天皇の権威と権力を頂点とする中央集権的な国家体制を目指しているのである。こうした過渡期に、農民たちや、版籍奉還後も地元に残されている士族卒《そつ》族たちが、不穏な動きを示すようなことがあっては国家建設の足手まといになる。農民や士卒への対応は後手に回されており、彼らに対する新しい政策が打ち出せるまでは、新政府も旧幕時代の藩主や村役人たちの力を借りることなしには急場を乗り切ることはできなかった。この時期、かつて天領や旗本領であったところの村役人たちは、以前にも増して村を大過なく治めることの責任を強く感じたことだろう。

『村名主心得条目』が二度目に石下の村々に通達されてきたと同じ月（一八七〇〔明治三〕年九月）、政府は「自今《じこん》平民*苗字《みようじ》差許《さしゆる》され候事《そうろうこと》」と布告を出し、平民が苗字（名字）を使用す

＊　この平民という呼び名は一八六九（明治二）年から政府が使いはじめたもので、国中の人々を華族・士族・卒族・平民という身分に分類し、農民・漁民・職人・商人などがひとまとめに平民とされた。

ることを許可した。

　今まで名字を名乗ることができたのは、武士と農工商のうち特権的に許されたほんの一握りの者たちだけであったから、このお触れが出て初めて自分の名前に名字がついた者もいた。けれども農民たちの多くは、すでにずっと以前から名字は持っていた。ただ、今まではそれを自由に称することができなかったのだ。庄右衛門も公的な書類には名前だけを記して、上に「稲葉」と書くことはならなかったのだが、これからは誰にはばかることもなくなった。

　しかしながら、こうしたお触れが出されて、皆が皆喜んで名字を名乗ったかといえば、そうとばかりも言えなかったようである。五年後の一八七五（明治八）年二月、政府は再び「自今苗字相唱《あいとな》え申すべし」という布告を出した。今度は名字を名乗れという命令である。これは、下々《しもじも》にとっては名字を称えることが日常生活にあまり緊要でなかったために浸透しなかった、ということを示している。

　自分の村の中だけで暮らし、出かけてもその日のうちに帰って来られる範囲を生活圏とする人々にとっては、「新宿の春吉」「宿のチョウチン屋の倅《せがれ》」「ショウイミドンとこの惣領娘《そうりよう》」「椎木《しいにき》の油屋の裏のうち」などと言えば、それだけですぐに話は通じるのであり、村人自らが書類に名前を書かねばならないということも、今までにはなかったのである。

　明治政府がなぜそれ程までに名字を名乗らせようとしたのかというのは、何も「人権への配慮」とか「差別からの解放」といった類《たぐい》のことによるものではない。政府は旧幕時代の地方分権的な支配体制から中央集権的な国家体制へと脱皮するために、人民支配を一元化して行う必要があった。そのためには身分に関わらず、一人ひとりの氏名・現住所・出生地・生年・没年・血縁関係などを確実に掌握しておかねばならず、名字を冠してどこの誰であるかを確定するということは、米に代わって個人から租税を徴収しようと考えている政府にとっては、支配の根幹に関わる重要な仕事であった。一八七一（明治四）年に戸籍法が制定されたのは、そうしたことによる（一八七二（明治五）年二月より実施、壬申《じんしん》戸籍と呼ぶ）。しかし、多くの平民たちにとっては名字があったからといって特別な利も益も得もなく、うかうかしている者が多かったために二度目の布告が必要となったのであろう。

一八七一（明治四）年が明けた。

政府は前の年の半ば頃から新しい法律や規則を次々と制定し、それを太政官布告《だいじょうかんふこく》として発してきたが、今年に入ってからというもの、それは一層頻繁《ひんぱん》になった。

五月には新貨条例が制定されて貨幣の単位が円・銭・厘《りん》となり、七月には廃藩置県《はいはんちけん》の詔書が出され、これによって三府三〇二県が誕生した。

八月には「散髪・脱刀（廃刀）勝手たること」となり、同時に平民が羽織りや袴《はかま》を着用する服装の自由も認めた。また、穢多《えた》・非人《ひにん》の称の廃止も発令された。

九月には田畑勝手作が許可になり、一〇月には宗門人別帳《しゅうもんにんべつちょう》*も廃止された。次から次へと新しい布告が下りてくる。

庄右衛門は忙しくなった。組合の寄り合いに呼び出されて行ったり、家にいる時は机に向かって書き物をしたり、人が集まっては話し込んだりすることが多くなった。庄右衛門の名主としてのお務めは今までも決して楽だったわけではなく、仕事はみな責任の重いものばかりであった。幕府の地方役所や知行旗本から御達《おたつし》や廻状《かいじょう》が届くと、それをまるまる書き写して保管しておかねばならなかったし、旗本や代官に提出する宗門人別帳や五人組帳・訴願《そがん》などの書類も作成せねばならなかった。時には村人の土地の売買質入に際して、認印を求められるようなこともあった。さらに、何を措《お》いても一番の大仕事は年貢に関わることであり、村として決められただけの米を納めなければ役を果たしているとは認められなかった。これらの仕事は、世の中が変わってきているからといって急になくなるわけもなく、相変わらず庄右衛門のところにたくさんの仕事が持ち込まれるのである。

一一月の半ばを過ぎた頃、また布告が下りてきた。今度は石下が若森県から印旛《いんば》県へ移管さ

＊ 宗門人別帳＝寺院が檀下であることを個人ごとに証明したもので、戸主以下家族・奉公人の氏名、年齢などを記載。戸籍の役割をもった。キリスト教禁制の徹底をはかるために始まった。

れることになったという。県庁は行徳《ぎょうとく》（現千葉県市川市、明治五年一月からは加村《かむら》〔現千葉県流山市〕に移転）である。これは、七月の廃藩置県によって生まれた三府三〇二県があまりに煩《はん》雑《ざつ》であったため、三府七二県に統廃合したことから生じたのである。そこで暮らす人々に特別な変化はなかったろうが、政府の中央集権制への足がための着々と進んでいることの証《あかし》だった。

今まで名主、組頭などと呼んでいたものを、新たに戸《こ》長《ちょう》・副戸長と呼び改めたのも旧幕色を払拭《ふっしょく》するためであったろう。一八七二（明治五）年九月、印旛県に対し次のような指令が出された。

印旛県にて名主組頭御廃止し　御探索の上区々村々呼出し元里正《りせい》を副戸長と仰せつけられ候　組頭の如きの者立会人と仰せつけられ候　左に区内へ

戸長頭取　戸長　副戸長　立会人

本豊田村からは、古くから北宿《キタチク》の名主役を務めていた篠崎平左衛門《しのざきへいざえもん》（屋号ヘイジミドン）と新宿《アラシク》の庄右衛門（屋号ショウイミドン）が副戸長となり、黒沢利右衛門《くろさわりえもん》と石塚長左衛門《いしづかちょうざえもん》が立会人となった。

役職名が変わって仕事は前にも増して多くなった。戸籍のとりまとめや地券の交付（壬申《じんしん》地券、印旛県は明治五年一〇月より）といった事務的な仕事が増えてきたからである。副戸長の上に立つ戸長役の忙しさはなおさらであった。

源之丞《げんのじょう》は戸長役仰せつけられ一区内十一か村の取担《とりかつぎ》なり、されば御布告の仰せわたされの御書付《おかきつけ》毎（＝日）に毎に来《きた》る、日々担村より聞合せ取合せの人の来らざる日はなし、一家の事を打捨て弟京蔵両人して間《ま》に合《あい》がたく、物書二人三人急敷《いそがしき》則は頼みて御布告書を写さするなり、いつも紙数二三十枚より五六十枚もあるよし、されば郷中《ごうちゅう》の事取扱か《な》りがたく、肝煎《きもいり》見習《みならい》長左衛門舎弟《しゃてい》源六出頭に頼み、其外可《そのほかか》なり用弁に成る者両人あれども事多《ことお》うく行届《ゆきとどき》がたきほどなり　（『日本近代史』より「改世珍事記」一八七二〔明治五〕年）

このように書き留めた秋田の老人は、「御一新御布告というて天朝よりの仰せいだされなれば日本国中の事なり、何儀も御改革にてほとんど別界とはなりぬ（別の世界になってしまった）……日日さまざまの御布告の仰せわたされ千変万化《せんぺんばんか》、きのうの事はきょうにかわり、聞きたても覚えたても（聞きたくても覚えたくても）できることではなし」（前掲書）と、時代の変化にとまどうばかりであった。

世の中は急激に変わり始めていた。

東京も銀座あたりではレンガ造りの街並み建設がはじまり（一八七二〔明治五〕年）、新橋と横浜の間には汽車鉄道も開通した（同年）。日本橋は取り壊して新しく木造洋風の橋に架け替えられ（同年）、街には四万台あまりもの人力車が走り回っている（一八七一〔明治四〕年末）。洋服姿の紳士を見かけることも多くなり、ザンギリ頭も決して珍しいことではなくなった。洋食屋で牛乳やビールを飲んだり、牛鍋やシャモ鍋をつついたりする新しいもの好きも増えている。また、邏卒《らそつ》（巡査）のそばでオナラをしたら罰銭七五〇文《もん》を取られたとか、酔って立小便をして贖罪金《しょくざいきん》六銭《せん》二厘《りん》五毛《もう》を払ったというような話も新聞ネタになっている。東京のまん中では、古いものを打ち捨て、新しくて珍奇《ちんき》なものを好む気風が日に日に強まっている。一方で、浅草に狸《たぬき》が出て人を誑《たぶら》かした、上野で狐《きつね》がニワトリを食い殺した、赤坂の桑畑の中の古井戸に人が落ちた、というのも同じ東京の姿であったから、文明開化とはいえまだまだ狭い範囲のことではある（『ニュースで追う明治日本発掘』）。

石下辺には、船で東京まで行き来している船頭や商人たちの口から、東京の話が風のたよりのように伝わってきた。これからの世の中は断髪しなければいけない、裸《はだか》もいけない、裸足《はだし》もいけない、袒裼《はだぬぎ》もいけない、脛《すね》や股《もも》を出してもいけない、立小便やオナラをすると罰銭をとられるそうだ、古い仏など焼いてしまえ、毀《こわ》してしまえと騒いでいる奴らもいるらしい——。

村人たちには驚くようなことばかりであったろう。新しい世の中への期待がふくらんでいるというのに、自分たちの当たり前な暮らしが脅《おびや》かされるようなことばかりが聞こえてくるのだから。

一八七二（明治五）年一一月、九日付でこれからは太陽暦を採用すると布告が出された。そしてほぼひと月後、一二月三日が一八七三（明治六）年一月一日となった。これは太陰暦《たいいんれき》（月が地球を一周する時間を基にして作った暦、陰暦、旧暦ともいう）によって農事を図ってきた者たちには、不都合で役に立たないものであった。はるか昔から親しんできた月の満ち欠けを基にした暮らしは、いくら国の命令であるから新しい暦《こよみ》にしろ、と言われても受け入れがたかった。

しかし、村人たちは大きな声で不可を唱えることはなかった。と同時に、実生活で太陽暦を使うということもまた、なかった。御一新以来、村人の暮らしには特に変わったこともないが、なんとはなしに新しい世の中に対する抵抗感が生まれてきたのも致し方ないことであった。

庄右衛門の仕事は、副戸長という役名に改まっても忙しさに変わりはなく、税の取りまとめや、子どもたちを小学校に就学させるよう説得してまわるというような仕事も加わって、家でゆっくりしている暇もない。

代わって田や畑の仕事を取り仕切り、雇いの作男とともに家を守ってきたのは息子の庄三郎である。庄三郎は御一新の時には二二歳で、すでに妻よ宇《う》を娶《めと》り、長女の者《は》るも生まれていた。その後一八七〇（明治三）年には長男徳松が、一八七三（明治六）年には次女ともが誕生する。

　しかし、よ宇は病弱ででもあったのだろうか、ともを産んで後、亡くなった。まだ二八歳の庄三郎は後妻を迎え、ただ一身に百姓仕事に専心している。

三　新しい世の中

一ツトセ　光りかがやく瓦斯《ガス》燈の　其《その》明り　東京一面照します［くりかえし］
二ツトセ　普請《ふしん》は西洋れん瓦石　畳み上げ　二階造りや三がいや［くりかえし］
三ツトセ　三すぢに渡せる日本橋　賑《にぎお》ふて　蝙蝠《こうもり》傘もゆきかよひ［くりかえし］
四ツトセ　夜る昼絶えぬは人力車　通り町　道も平《たいら》の御世《みよ》なれや［くりかえし］
五ツトセ　いつも替らず五丁町　賑やかな　おいらん芸者も楽勤《らくづとめ》［くりかえし］
六ツトセ　昔に替りし筋違《すじか》ひの　眼鏡《めがね》ばし　見事に巷《ちま》たも花声《はなやか》に［くりかえし］
七ツトセ　長崎箱館掛けわたす　電しん機　遠《とお》の噺《はなし》も居ながらに［くりかえし］
八ツトセ　矢を射る如くに岡蒸気　速《すみ》やかに　横浜がよひも一寸《ちよつと》の間［くりかえし］
九ツトセ　刻限違《こくげんたが》わぬ郵便の　はるばると　海山へだてて便りよや［くりかえし］
十ツトセ　当時は英仏丁《でん》マルカ　独逸《どいつ》でも　丸く附合《つきあ》ふ御世豊たか［くりかえし］

（「東京繁栄鞠《まり》歌」『明治・大正・昭和世相史』より）

文明開化の風俗が歌になって世の中に広まり始めると、石下あたりの小さな村々でも講や組の寄り合いの折には、開化話のあれこれが人の口にのぼるようになった。けれども、実際を知る者はほとんどいない。まるでよその国の話でもあるかのようだった。文明開化が他人事《ひとごと》でないと村人たちが知るのは、政府や県から村の風紀を取締まるための布告や達しが次々と出されるようになってからである。

『村方《むらかた》諸悪習につき諭告《ゆこく》と禁止』（一八七三〈明治六〉年）、『五節句等旧習《きゅうしゅう》一洗《いっせん》の件達《たつし》』（同年）、『後家女子誘惑等につき内済の旧習一洗の件達』（同年）、『吉凶事悪習禁止の件達』（一八七五〈明治八〉年）、『諸職人の裸寒参り禁止の件達』（一八七六〈明治九〉年）、『門付《かどづけ》禁止の件達』（一八七八〈明治一一〉年）、『盆踊悪習禁止の件達』（同年）といった内容の警告は村人たちを大いに驚かせた。

それによれば、鎮守《ちんじゅ》祭礼の時の若者の雑伎芝居は禁ずる、大師講《だいしこう》、弥陀講《みだこう》などと称してよい着物を着たり飲食したりすることはいけない、六、七月に仕事がひと段落した時に酒盛りを設け歌ったり踊ったりすることもいけない、先般《せんぱん》五節句は禁止になったにもかかわらず、雛《ひな》祭りや端午《たんご》の節句に親戚近所を招いて祝宴を開くのは愚かなことである、そのようなことにお金を使うより子どもの教育の資本に充《あ》てるべきである、裸体で神仏に参拝するのは不敬不礼なことであるから差し留《と》める、万歳《まんざい》などの芸人がやって来た時に銭《ぜに》や食を与えるのは彼らのためにならない、情をかけて与えれば両者ともに罪になる、従来盆踊りと称して変わった格好で歌を唱《とな》え踊りを舞い鉦《かね》や太鼓を打ち鳴らして村の中をうろうろするのはよろしくない風習である、という（『茨城県史料』）。

これまでこうしたことは、行き過ぎて村が困ったことにならない限りは、お上《かみ》も大目にみてきた。生活に根ざした信仰も、日々の苦しい仕事から心を解き放とうとする祭りも、村人たちが長い間培《つちか》ってきた大切な魂の拠《よ》り所であるということを心得ていたからである。

しかし、明治新政府は許さなかった。

政府の中央集権的な近代国家創りは、街や人の身なりを西洋風に変えることにあったのではなく、古くからある習わしをことごとく否定して、新しい世の中のしくみを作り出すことにあった。

幕府を廃し、藩を廃し、士農工商の身分制度も四民平等となり、法律も次々と整備されてきた。変わらないのは人の心と暮らしぶりである。これをなんとかして新しい時代にふさわしくさせなければならない。政府は全国民の九割にあたる農民たちの日常生活に介入し始めた。そして、多くのことが「旧弊《きゅうへい》」「陋習《ろうしゅう》」「蛮風野習《ばんぷうやしゅう》」などと決めつけられ、愚昧《ぐまい》（おろかでものの道理が分からない）で野卑《やひ》（下品でいやしい）であるとされた。

古いものを捨て去らねば新しい国創りは始まらぬ、と近代化への改革を急ぐ政府は、新国家のビジョンに合わない旧習をことごとく規制あるいは排斥《はいせき》した。新しい国家には、合理的な根拠を持たない無益で価値のないものは不要なのである。北国の山深い村にも、南国の海辺の村にも、小さな島の村にも、「お前たちのしていることは古くさくて不合理なことばかりだから、心と暮らしを改めよ」と伝えられた。

自分たちの伝統的な世界を否定された農民たちには、文明開化は手放しで喜べるものではなかったろう。しかし、彼らはそのいちいちに反発したりはしなかった。怒りや不安は胸の奥にたたみ込まれた。新政府に対する憤《いきどお》りがはっきりとした形で表されるようになるのは、徴《ちょう》兵《へい》令や地租改正条例が公布されてからである。

一八七二（明治五）年一一月に「全国募《ぼ》兵《へい》の法を設《もう》け 国家保護の基《もとい》を立てんと欲す」とする詔書が発布されると、次の年の一月、さっそく徴兵令として発令された。一家の大切な働き手である男たちが、二〇歳になると兵隊に取られるのである。「徴兵」という聞き慣れない言葉も、「懲役《ちょうえき》」という暗いイメージの言葉にも似て人々の不安をかきたてた。更に、徴兵告論文の中の「……西人《せいじん》これを称して血税《けつぜい》という。その生き血をもって国に報ずるのいいなり……」という一文も誤解されて、「兵隊に行くと生き血を絞られる」「生き肝《ぎも》を抜かれる」という噂となって広まった。

そして、同じ年の七月に公布された地租改正条例に至って、農民の怒りはついに爆発する。この地租改正は、それまで年貢として米で現物納していたものを廃止して、地価の百分の三を税として現金で納めることを義務づけた。百分の三といえば額も軽微に思えるが、実際のところは全収穫高の平均三四％が地主の取り分、公租が三四％、小作人の取り分はわずか三二％あまりというのが現実であった。旧幕時代にはおおむね五公五民、六公四民とされていたから、地租が改正されて税の負担ははるかに重くなり、生活は以前にも増して苦しくなってしまった。

一八七四（明治七）年から一八七六（明治九）年にかけて、地租改正・徴兵令・小学校などに反対する一揆が各地で頻発《ひんぱつ》する。心や暮らしの領分にまで「否《いな》」と言われても黙ってきた憤《ふん》懣《まん》も、陰にはあったであろう。その当時、富める者にも貧しい者にも平等に田が分け与えられるそうだ（均田徳政《きんでんとくせい》）、女と牛や鶏は異国に引き渡されるらしい、電信機は魔法のしわざだ、灯台は人間から搾《しぼ》り取った油で灯をともしているそうだ、などというような流言や風説が数多く飛びかった。これは、農民たちの「近代化」への夢と怖《おそ》れを物語っていたのであろう。

茨城県内で大規模な地租改正反対一揆が発生したのは、一八七六（明治九）年一一月のことだった。場所は筑波山の北から西にかけての真壁《まかべ》郡や下館《しもだて》辺と、水戸の北西に位置する那珂《なか》郡あたりである。真壁で起きた一揆を『朝野《ちょうや》新聞』は次のように報じた。

去月《きょげつ》廿七日夜より茨城県下常陸《ひたち》真壁《まかべ》郡吉間村近郷《きんごう》の人民凡《およ》そ二千人計《ばか》り処々《しょしょ》の山林社寺へ屯集《とんしゅう》す　同三十一日夜同郡真壁町に於て組合村々の者ども集会の処《ところ》へ下館屯所《とんしょ》の巡査三名巡行の折から夫々《それぞれ》尋問中各村の者共ハ棒杖《ぼうつえ》或《あるい》ハ鋤鍬《すきくわ》等を携《たずさ》へ来《きた》るに付拠《よんどころ》なく巡査も逃げ去りし処《ところ》内一名ハ深疵《ふかきず》を負ひ九死一生なり
是《こ》れより先《さ》き巡査四五名右の場所へ出張せしが手向《てむか》ひしがたく一と先《ま》づ下館町の屯署へ

引き取り　同所の士族に依頼し其の日の午後四時頃士族八十名程鎗長刀《やりなぎなた》等を携へ真壁町へ出張す　初め各村の百姓凡そ八百名計りの処追々《おいおい》増加せり　県令公も下館真壁下妻等を巡回され夫々説諭ありしかど未《いま》だ鎮定《ちんてい》に至らず

（『茨城県史料』より一八七六〔明治九〕年一二月六日付）

真壁郡では吉間村の他にも各地で集会が開かれ、一二月一日には田村の牛子《うしこ》神社に農民五〇〇人あまりが集まった。そして、

一　田方貢納ハ正米《しょうまい》ヲ以《もっ》テ上納スルニ非《あら》ザレバ時ノ相場ヲ以テ上納スベシ
二　畑方地租ハ旧租ニ致《いた》シ度《たし》
三　学校賦課《ふか》金ヲ廃シ官費ニ換ヒ
四　地検入費ハ悉皆《しっかい》官費致シ度
五　民費ハ廃シ道路ハ村普請《むらぶしん》ニシ
六　諸雑税ヲ減ジ人民休戚《せき》ヲ得セシメ度

の六項目を討議の上、町屋村扱所（現桜川市）に嘆願することにした（『常総の自由民権運動』）。

地区の戸長・副戸長たちはそれに対してどうすることもできずにいたが、夜、かがり火を焚く境内に三人の警官が来たことから騒ぎは大きくなった。警官は解散せよと語気荒く命じたが、農民たちは誰一人として黙ったまま応えなかった。しかし、警官が更に怒鳴りながら人々の中に割り込んできたため、五、六人が警官に殴りかかり、これをきっかけに暴動のような大騒ぎになったのである。後日、一揆を扇動したとして逮捕された関係者は自首も含めて一六五人、関係した村は二七ヵ村にのぼった。

那珂郡の一揆は真壁より一週間ほど遅れて発生した。一揆の総勢は二〇〇〇人あまりで、いきり立った農民が取締まりの警官二人を斬殺《ざんさつ》してしまったことから事態は激化した。だが、警察隊や士族隊の力の前に一日二日で鎮圧され、結果死者七人、死刑三人、懲役二四人、罰金一〇六四人を出して終わった。関係村は二郡三一ヵ村にわたった。そして茨城権令《ごんれい》中山信安は、一揆の責任を問われて罷免《ひめん》された。

茨城の農民の動きは三重、愛知、岐阜、堺四県下へと飛火して広がっていき、特に三重では五万八三〇〇余人の逮捕者を出すという大暴動となった。こうした地租改正に反対する一揆への参加者は、全国で三〇万人以上を数えたといわれる。政府が地租を地価の百分の三から百分の二・五に引き下げると発表したのは、それから二週間ほどしてからのことであった。

真壁、下館は石下から北へ二〇キロほどの距離であるが、一連の騒擾《そうじょう》が石下あたりの村々にどのように伝えられ影響を与えたのかは不明である。ただ、地租改正後の第一期分の税金納入に際して、石下の村々は「期限通皆納《きげんどおりかいのう》」したことが分かっている。農民が税金について不満を抱く時には、まずはそれぞれの村の戸長・副戸長に矛先《ほこさき》が向けられたが、石下では大きなもめ事もなく、どうにか丸くおさまったようである。本豊田村の庄右衛門や篠崎平左衛門も、ひとまず肩の荷を下ろしたことであろう。

御一新から一〇年あまりの日が過ぎて、村人たちは「昔とは違う新しい時代」になったことを実感せざるを得ない。それは、華やかな東京の文明開化の裏の顔を知るということでもあった。公方様《くぼう》の時代には、旗本のお殿様が年貢の他にも上納金を命じてくることはあった。しかし、度はずれた無理難題を押しつけてくるようなことはなかった。それに、お上は節約・勤勉・忠孝を説き、日常生活の些細《ささい》なことまで決まりを設けて取締まったが、仕事に差し支えない程度には生活を楽しむ自由を黙認していた。

ところが、今の政府は何事も「法律」である。日本国中一律に、少しの慈悲《じひ》も斟酌《しんしゃく》もなく言うことを聞かせようとする。長い間、ゆっくりとした変化の中で野良仕事に励んできた者たちにとって、たくさんの税（地租・醤油・酒・生糸・印紙・菓子などの諸税）を取られ、若い男が兵隊に取られ、学校を作るからと金を取られ、その上暮らし向きにまで口をはさまれる世の中は、さぞ息苦しいものであったろう。

これが村の文明開化であった。

そして、税金が払えないために田畑を担保に金を借り、返せなくなって土地を失い、借金まみれのまま小作人に転落する者や、都会に流れていく者たちが少しずつ増えていったのだった。

一八七九（明治一二）年、本宗道村に「同舟社《どうしゆうしや》」が結成された。この同舟社は当時高揚しつつあった自由民権運動の活動拠点として設立された民権政社で、宗道河岸の大回漕《かいそう》業者森隆介や下妻周辺の大きな農家の主《あるじ》たちが中心メンバーになっていた。社員は三〇〇名あまり、県内最大の政社であった。明治政府の国創りは、対外的にも国内的にもさまざまな困難の上に進められたために、きわめて強権的、威圧的な姿で人々の前に立ち現れた。こうした政府のあり方に反発・批判する勢力として登場してきたのが自由民権運動である。

一八七四（明治七）年に板垣退助や副島種臣《そえじまたねおみ》ら八人が「民選議院設立建白書」を提出し、板垣が高知に立志社、大阪に愛国社を設立して活動を呼びかけた頃から、全国各地に民権政社がぞくぞくと誕生した。同舟社もそうした時流の中で生まれたのである。他にも、水海道の愛国社、下館の民風社、岩井の喈鳴《かいめい》社、守谷の改進社などが設立され、茨城の西部地域は民権運動の一大メッカとなっていく。

なぜこのように県西に民権政社が集中したのかというと、江戸時代からさかんであった利根川・鬼怒川の水運と深く関わっていた。船は昔から物を運ぶと同時に、文化や思想や世相といった目に見えないものも地方に運んだが、新しい時代を迎えて激しく変わる経済の動きをもまた、如実に伝えるようになっていた。

幕末から明治にかけて、生糸《きいと》が日本の主要輸出品となると、県西部の豪農・豪商クラスの人々も養蚕《ようさん》に力を入れるようになった。自ら生産したり、中小農家から集めたりした繭《まゆ》や生糸を船に積み、東京や横浜まで運んで高く売れれば面白いように儲《もう》かった。

しかし、繭や生糸の価格は政府の対外政策や世界情勢に大きく左右されるため、時には価格暴落の憂《う》き目にあうこともある。こうしたことから、利根川や鬼怒川の水運を利用して富を得てきた県西部の豪農・豪商たちには、国の政治の成り行きはきわめて身近な問題であった。そして、自分たちの得てきた利益や生活を守るためには、条約改正や国会開設要求が切実な課題である、と考える政治的関心の高い人々を生み出していったのである。

当時の同舟社の様子を新聞は次のように伝えている。

豊田郡本宗道駅に仮設せる同舟社は益々盛大にて　来る廿九日には臨時演説会を開き協議社嚶鳴社《おうめいしゃ》をも招待するよし

去月第三日曜日を以て該社《がいしゃ》役員撰挙会を開き　社長は赤松新右衛門《しんえもん》　副社長は赤萩市平《あかはぎいっぺい》

幹事は森新三郎　飯村譲［丈］三郎　野手《ので》一郎　内田弥一郎　国府田利平《こくぶだりへい》　諏訪重次郎《すわしげじろう》

大久保藤右衛門《とうえもん》の諸氏選に中《あた》り社務を担当さる、と聞けり
又該郡と岡田郡は教育会議も盛んにて　客年来該郡新石下小学校に於て教育郡会を開き
去月某日第三次会にて議長ハ野手一郎氏　副議長は国府田利兵氏議案合せて二十五項　その中《うち》本県地誌略廃存の項は次会に譲りたりと
（『茨城県資料』より「茨城毎日新報」一八七九〈明治一二〉年六月二一日付）

同舟社は「本社ノ主義ハ社会ノ権利ヲ伸暢《しんちょう》シ人民ノ福祉ヲ保全スルニ在リ」ということを本義として掲げ、会員相互の討論会や学習会、公開演説会などを繰り返しながら賛同者を増やしていった。また、「同舟社厚生施設浅田医院」という看板を掲げた診療所を設立し、コレラの治療などを行ったという（『常総の自由民権運動』）。

一八八〇（明治一三）年二月、同舟社は県内の民権政社との団結をはかるために、筑波山での会談を呼びかけた。この時集まった五社代表二一人は国会開設を要求することで一致し、「全県下八十余万人民を一結して請願をなさんとする」ことを決議した。そして、さっそく署名活動が始まった。

本豊田《もととよだ》村、曲田《まがつた》村、館方《たてがた》村、豊田村合四ケ村　三百八名総代　豊田村平民　小島誠吾

新石下《いしげ》村、大房《だいぼう》村、東野原《とうのはら》村、山口村、収納谷《すのうや》村、平内《へいない》村合六ケ村　三百十名総代　新石下村平民　鈴木平兵衛
本《もと》石下村百八十名総代　同村平民　斉藤半蔵
原宿《はらじゆく》村、原村、小保川《おぼかわ》村、若宮土《わかみやど》村合四ケ村　三百六名総代　原宿村平民　倉田義一郎
新石下村平民　小口伝内
古間木《ふるまぎ》村、蔵持《くらもち》村、古間木新田、古間木沼新田、伊左衛門《いさえもん》新田合六ケ村百八十三名総代
古間木村平民　稲葉宇右衛門　国生《こつしよう》村平民　横関与左衛門
鴻ノ山《こうのやま》村、同新田、中沼新田、五ケ村、馬場村、馬場新田、大沢新田、栗山新田合八ケ村
二百十三名総代　鴻ノ山村平民　秋葉杢之助
（『石下町史』）

こうして二ヵ月ほどの間に一万一六〇〇人あまりの署名が集まった（一一、八一四人、一二、〇七四人とする説もある）。そのうち豊田郡は七五町村四九五八人、岡田郡は四一町村二三三〇人で、この二郡だけで全体の六〇パーセントを占めていた。

石下の村々からは一五〇五人分が集められており、これは全署名の約一三パーセントにあたっている。一八九一（明治二四）年の全戸数が二〇三五戸であることから考えると、たくさんの数を集めたものである（本豊田村他四ヵ村の署名三〇八名は、明治二四年時の三四六戸からする

と八九パーセントにあたる)。

しかしこの一五〇五人の村人たちが、すべて自らの意志で主旨に賛同して署名したのかといえば、そうとばかりも言えなかったであろう。彼らは村の古くからのしがらみ中で生きており、地域の有力者である「総代」の意向に逆らうことなど、思いもよらぬことであった。

当時「総代」を務めた豪農・豪商たちが、県内の民権運動の急先鋒《きゅうせんぽう》である同舟社の呼びかけを支持した開明性と、その陰にいた村人たちの実際――今ある暮らしを急に大きく変えることは好まない、生活に密着しない政治的な運動には心を動かされない――とは相当に違ったものであったろう。ともあれ六月一八日、一万一六〇〇余人の署名は「国会開設の勅許《ちょっきょ》を上願《じょうがん》するの書」として太政官《だじょうかん》に提出された(不受理)。

県西の民権政社の活動は、その後も活発に続いた。『茨城日日新聞』には各地の活動状況が紹介されている。

去る十七日下総国豊田郡水海道駅の米鉄楼に於て開きたる教育演説会の演題は「明治開花ニ天狗《てんぐ》ノ現出スルハ抑《そもそも》何ソヤ」松田秀軒氏　「圧制政府ノ弁」客員霜勝之助氏　「如何《いか》ナル教育カ今日ニ要用《ようよう》ナル可キ耶《べや》」客員野手一郎氏　其外数名にして傍聴人は殆《ほと》んと二百名なりと(一八八一〔明治一四〕年七月二七日)

去月廿七日真壁郡下妻に於て茨城西部の自由党会議を開きたり　其議ハ支部の設置其他百般の事を議し翌廿八日夕陽に退散せり（一八八二〔明治一五〕年三月七日）（『茨城県史料』）

また、宗道では常総自由運動大懇親会《こんしんかい》も開催されている。

曽《か》つて本紙広告等にも見えし如く本月十九日茨城県下本宗道村にて催《もよ》ふせし常総自由運動大懇親会ハ　全《まつた》く常総自由主義の人々より発起《ほっき》したる者なりしが宿ねて手広く所々に通知し　又東京より永田一二氏と本社の植木枝盛《うえきえもり》を招き彼此《ひし》頗《すこぶ》る周旋《しゅうせん》せられしにぞ　東ハ水戸土浦　西ハ結城　北ハ下館等より続々寄り集まりたる数も　夥《おびただ》し　孰《いず》れも活溌有為《かっぱつうい》の人々と見受けられぬ　其の会場本宗道村鎮守境内《ちんじゅけいだい》にハ夫《そ》れぞれの準備を為《な》し　第一花表前に自由万歳と大筆せる席旗《むしろばた》二本を建て　次に緑葉を以《もっ》て環門《かんもん》を造り「与我自由否与死」（われに自由を与えよさもなくば死を）「鞠躬《きつきゅう》尽力死後止」（つつしんで力を尽くし死後にとどめん）と黒書したる赤白の両旗を交叉《こうさ》し進《すすん》で祠前《ほこらまえ》に至れバ「鬼神泣壮烈《おにがみそうれつになく》」「義気《ぎき》貫天《てんちをつら》地《ぬく》」との二旗を翻《ひる》がへし　凛然《りんぜん》たる其様《そのさま》ハ小人偽党等の身を容《い》るべきよしもあらず　頑父《がんぷ》情夫《じょうふ》も亦志《またこころざし》を立て、　憤起すべしとぞ思ハれたる……

（『茨城県史料』より「自由新聞」一八八三〔明治一六〕年七月二五日付）

そしてその後は綱《つな》引きや旗奪《はたとり》をして「自由万歳の白旗ハ高く聳《そび》へて風に翻《ひるが》へり人々快《かい》と称し」たり、政談演説会や煙火《はなび》を打ち上げたりした、とある。

だがしかし、こうした全国各地の自由民権運動の勢いは、そう長くは続かなかった。世の中の景気がすっかり冷え込んでしまったからである。政府は西南戦争（一八七七〈明治一〇〉年）以降、インフレ状態（国内に需要量以上の通貨が流通している）になっている国家財政を立て直すため、松方正義《まつかたまさよし》を大蔵卿《おおくらきょう》に任命した（一八八一〈明治一四〉年）。松方はデフレ政策をとり、紙幣整理を強力に押し進めていった。これは商品の量に対して通貨の量が相対的に減る、つまり通貨量以上の商品が市場にダブつくことであるから、産業界は一気に不況となって行き詰まった。

そして、その波は農村にも押し寄せてきた。穀物*をはじめとする農作物の値が急落したのである。

＊ 東京正米価格の平均相場（一石当たり、年平均、『生活史Ⅲ』を参照）
一八七六（明治九）年　五円一銭
一八八一（明治一四）年　一一円二〇銭
一八八四（明治一七）年　五円一四銭

農家の現金収入は激減した。その上、各種の税金は増額された。農民が銀行や高利貸から金を借りた負債の総額は、一八八四（明治一七）年には二億円にものぼっている。これは一八八五（明治一八）年の東京の大工（上級）日当五〇銭を、現在日当一万円として換算すると約四兆円に相当する。

『朝野《ちょうや》新聞』は「茨城県近況」を、負債がかさんで山林田畑を手離す農家はあとをたたず、雇い人の賃金は半額になり、商人で泣きごとを言わない者はいない、と報じている（一八八三〔明治一六〕年）。

更に、夏には旱魃《かんばつ》のために「田地《でんち》折裂《せつれつ》して亀甲《きっこう》の状をなし稲禾《いなのぎ》殆んど枯死せん」（那珂郡）、秋には天候不順で大量の雹《ひょう》が降り、農民は「最早《もはや》餓死《がし》する外《ほか》」ない（西葛飾郡）、という状況となった。そのため「児《こ》は飢《うえ》に啼《な》」き（行方郡）、盗賊も急に増えて「良民」は夜も安眠できない（岡田郡）ほどで、かつて盛んであった演説会や政社活動も、今では「霜枯《しもがれ》の有様《ありさま》」（行方郡）となってしまった（『茨城県史料』）。

こうして松方が財政再建を図り始めてから数年の間に、数百万の小豪農・自作農が押しつぶされ、六〇万戸近い農家が解体され、五万社近い小会社が倒産した（『近代国家の出発』）。

そして、民権運動に熱心であった各地の豪農・豪商たちのほとんどは、活動から手を引き、自らの生活を維持することに専心する道を選んだのであった。その後も自由党内の急進的な人々が激化事件を起こしたり（群馬事件、加波山《かばさん》事件、名古屋事件、飯田事件、以上一八八四〔明治一七〕年、大阪事件、一八八五〔明治一八〕年）、全国各地で借金党《しゃっきんとう》・困民党《こんみんとう》などが組織され暴動のような騒ぎが起きたりしたが、政府はそれを強い力で押さえつけ、一つ一つつぶしていった。

明治政府は足元を脅かす勢力が現れて以来、さまざまな方法で政権の強化に努めてきた。集会条例や新聞紙条例によって結社活動を制限し、徴兵令は何度も改正を重ねてそれを逃《のが》れようとする人々の道をふさぎ、明治二三年には国会を開設するという詔勅《しょうちょく》を発令して民心を手なづけ抱きこんだ。そして、天皇を北陸・中央道・東北・北海道へと巡幸《じゅんこう》させ、その存在をアピールすることも忘れなかった（一八七九〔明治一二〕年～一八八一〔明治一四〕年にかけて）。

こうして政府は民衆の力を封じることに成功し、一八八九（明治二二）年には「大日本帝国憲法」、次の年には「教育ニ関スル勅語」を発布するに至るのである。明治一〇年代というのは、日本の近代化をめぐって「官」と「民」が激しく対立した時代であった。

一八八八（明治二一）年一二月二四日、六七歳になった稲葉庄右衛門は隠居して長男庄三郎に家督を相続した。庄三郎はすでに四二歳、先妻との間に三人、後妻との間には四人の子が生まれていた。庄右衛門も妻に先立たれ、六一歳の時に宗道の隣の見田村《みた》（現下妻市）から嶌田《しまだ》うめ（一八三七〔天保八〕年生・四五歳）を後妻に迎えていた。庄右衛門の本豊田村の副戸長役は、一八七八（明治一一）年に地方の行政制度が変わった時に解かれており、家から少し離れた道の端《はた》の家に隠居してからは、後妻のうめがダンゴ屋などを商って暮らしの足しにしていた。小金があるのをねらって、強盗が押し入るようなこともあったらしい。

明治の御世《みよ》が明けてから二〇年あまり。政治の世界は大きく揺れ動いた。それにひきかえ、村の暮らしはそれ程変わったようには見えなかった。けれども、人々がそれと気づかぬうちに、石下やその周辺の村々にも「近代」の波は寄せてきていた。

男たちは一八七一（明治四）年に「散髪勝手たること」とされても、容易に昔からの髪格好《かみかっこう》を変えようとはしなかった。しかし、徴兵令が出されてからは若者が皆短髪にするようになり、そのうち髪の始末が楽だと分かると、少し上の年齢の者たちもそれにならうようになった。女たちの中にも眉《まゆ》を剃ったりお歯黒《はぐろ》をしたりする者は、めっきり少なくなった。

水海道や宗道あたりでは、回漕業で大儲けして羽振りのいい商人たちが、洋服や靴や帽子を身につけているのを見かけるようになった。こうした人々のうち特に新しい物好きは、東京では使う人の多くなったランプやマッチ、シャボンなどを買ってきては自慢していた。今までどの家も、暗くなってからの明かりはあんどんやろうそく、中には薪《まき》の灯《あか》りだけという暮らしであったから、ランプの輝きは明るく便利だと評判になったが、なにぶん高価でなかなか買えるものではなかった。

村には新しく役場ができて、そこでは国の決まりで新暦で何月何日といい、時間も掛時計を見て何時何分と言い表すようになった。村人たちは、旧《ふる》い暦《こよみ》で時間は何時《なんどき》と考えることに慣れているので、役場は別世界のようである。

一八八九（明治二二）年からは石下の村々も五つに統合され（石下村〔一八九七（明治三〇）年より石下町〕、豊田村、玉村、岡田村、飯沼村）、以前からあった尋常小学校も整理されて各村に一校ずつとなった。

親たちは子どもに立派な教育は必要ないが、読み書き算盤《そろばん》ぐらいはできた方がいいだろうと考えていた。就学率はいまだ四二％程度（一八八七〔明治二〇〕年、本石下小学校）でしかないが、腰や背中に風呂敷包みをくくりつけて、朝になると田んぼ道を学校へと急ぐ子どもたちの姿が見られるようになった。

家の周りを見回してみれば、綿畑《わた》はしだいにつぶされて、代わりに桑の木が植えられている。規模は小さくてもオコサマ（蚕《かいこ》）を上手に育てて繭《まゆ》にして売れば、手っ取り早い現金収入になるのだ。女たちの仕事の合間の機織《はたお》りは変わらず続いているが、糸は安い輸入綿花《めんか》から作った紡績綿糸《ぼうせきめんし》が出回り始めて、綿から手間暇かけて紡《つむ》ぎ出す者はなくなった。

こうして新しい時代は関東の小さな村々にもやってきたけれど、地租改正から松方デフレの荒波を経るうち、豊田郡の小作地率はしだいに上昇していった。これは借金を返せないまま自分の土地を失い、小作人になってしまった者が増えた、ということである。石下あたりのこうした家では、現金収入を得るためと口減らしのために娘を機屋《はたや》へ奉公《ほうこう》に出した。

石下を含む近隣一町八ヵ村で組織された織物組合の生産総反数《たんすう》は、一八九六（明治二九）年には三二万九〇〇〇反にものぼっており、近年は石下木綿《いしげもめん》（石下縞《いしげじま》）という名で、遠く名古屋、京都、大阪、奈良方面にまで販路《はんろ》を広げていた。統計では豊田郡全体で大小の機屋に九四六台の織機《おりばた》があり（自家用は含まない）、一〇二一人（男一九人、女一〇〇二人）の職工や織娘《おりこ》が絹や綿の反物を生産していた（一八九五（明治二八）年『石下町史』）。

機屋のそばを通れば「チャカトン　チャカトン」という高機の音が絶え間なく響き、時には織娘たちの「いやだおっかさん機屋の年期　朝の早うから起こされる　仕舞頃だよ天井の星はもはや機場の屋根の上」と眠気ざましに口ずさむ歌声もかすかに聞こえてくる。

資本主義という言葉など誰も知りはしないが、そうした経済の動きが地方の機屋にまで及んできているのは確かなことだった。

四　稲葉はると勘助

者《は》る（以下はる）は、一八六八（明治元）年一一月三〇日に稲葉庄三郎の長女として生まれた。母親は、弟の徳松、妹のともを生んだ後亡くなった。はるが四、五歳のことであるから、母の記憶も淡いものであったろう。

一八七五（明治八）年、庄三郎は後妻に寺田けんを迎えた。はるは六歳になったばかり、徳松は四歳、ともは一歳であった。けんは二五歳で庄三郎の後添いとなり、四八歳で亡くなるまでに、女四人、男一人の子をもうけた。

はるは実の兄弟と次々と生まれる異母兄弟、合わせて八人の惣領《そうりよう》として大きくなる。御一新の年に生まれたはるは、祖父の庄右衛門が本豊田村の副戸長として、新しい時代の波にもまれながら自分の役目を一心に果たそうとする姿を間近かに見て育った。小柄で利発で気の強い子どもであったが、「ショウイミドンの惣領娘」であるという自負心は、はるを一層しっかり者に育てあげた。

庄右衛門や庄三郎が特に教えたわけではないのだが、「屋根しょってる以上、みっともないまねはできない」というのがはるの信念であり、困っている人には目立たぬように手を差しのべるものだということも、いつのまにか覚えた。

一八九〇（明治二三）年、二一歳になったはるは、塚越春吉《つかごしはるきち》と結婚した。はるには二歳下に弟がいたが、庄右衛門や庄三郎は、稲葉家は気丈夫なはるに後を継がせればよいと考えていたようである。春吉ははるの婿《むこ》となり、稲葉家に養子に入った。明治も中頃までの農村では、家を継ぐ者は長男とは限らなかった。娘が婿取りをしたり、下の方に生まれた長男が家をとったり、男兄弟の末が後を継いだりと、方法は様々であった。子どもがなければ遠縁から養子（男女を問わず）を取ることなども、日常茶飯に行われていた。茨城県下では姉家督《あねかとく》という相続の仕方が広く浸透していて、男であろうと女であろうと第一子が家を継ぐことが多かった。

昔から農家に求められていたのは、労働力を再生産するために「家」を絶やしてはならない、ということであったが、当の農民たちにとって「家」の存続は、それだけではない自らの心の有りように深く関わる違った意味を持っていた。彼らにとって「家」というのは、今ある「家」を指すのではなく、はるか昔の「家」からかなた未来の「家」まで、連綿と連なる一族の歴史を指した。そして、それをつなぐものは先祖を敬《うやま》い重んずる心だった。自分が先祖代々の霊を尊《たっと》び大切にすれば、ご先祖様は必ず我々を見守って下さるという安心を得ることができる。と同時に、自分が死んだ時にはこの家の先祖に仲間入りし、子々孫々に祀《まつ》られて若い者たちを見守り続けるであろう、というのが村で暮らす人々にとっての「家」のつながりであった。

強い権力や厳しい自然環境の中で、何の力も持たずに生きていかねばならない時、現世《げんせ》にはろくなことはなくとも、死後は後に続く者たちに大切に祀られると考えれば、辛い日々にも耐えられるというものである。もしも跡継ぎがいないということにでもなれば、先祖代々と自分たちの魂は、安穏《あんのん》を得られずに淋しい思いのまま彷徨《さまよ》うことになってしまう。だから、どうしても「家」を絶やすわけにはいかないのである。割合と幅広い方法が認められてきたのは、そのためであったろう。

春吉は原村（現下妻市）の生まれで、この時二五歳であった。一度東野原村に婿養子に行ったものの、どのような理由によってか塚越家に復籍していた。相手の娘が赤ん坊を産んで後、すぐに亡くなったためであったらしい。はるもまた春吉と結婚する以前に他の男といっしょになったのだが、籍も入れぬままに別れてしまったのだという。

しかし、その時とは違ってはるは春吉を気に入り、結婚した次の年には長男庄吉が生まれた。ところが庄吉は四、五日で死んでしまい、その翌々年に生まれた次男幸一郎も九ヵ月あまりの命だった。二人の落胆は大きく、一八九六（明治二九）年に三男を得た時には、なんとしても無事に育ってほしいと、ツルは千年カメは万年にちなんで「亀蔵」と名付けた。

百姓育ちながら、もともと頑丈とは言えない体つきだった春吉が、目に見えて弱りはじめたのは、ちょうどその頃からであったのだろう。亀蔵が五ヵ月になった時、春吉は板敷きの粗末な部屋に寝かされたまま、三三歳という若さで息を引き取った。

継母とその子どもたちのいる家で、居候《いそうろう》のように扱われていたはるたちに自由になる金はなく、春吉を医者に診《み》せることもかなわなかった。はるは二八歳で後家《ごけ》になってしまった。そして、稲葉家は弟の徳松が跡をとることに決まった。春吉を助けられなかったという悔いは、はるの心の中にあとあとまで残ったらしく、孫のしんは、はるが「あの時一度でも医者にかかっていれば、もう少し長く生きられたろうに」と、漏らすのを聞いたことがある。はるは春吉を好きだったのだろう。

一年の喪《も》が明けると、世話好きな人が再婚話をもってきた。子持ちの女が村で一人で生きていくのは大変なことだ。ほとんど不可能に近い。だから、連れ合いをなくした女は、早々《そうそう》に次の人生を歩み始めねばならない。

結婚を決める時には、相手の家の格がこちらにふさわしいかどうか、健康で家のために十分な働き手となりうるかどうかは重要な問題であった。けれども、「見た目」はもとより、「人柄」や「過去の婚姻歴」といったことにはあまり重きを置かなかった。「家」の血統にさわりがない限りは、細かいことにはこだわらない。そのために共に暮らし始めたあとで、怠け者だったり、酒乱だったり、暴力男だったりすることが分かって、ハズレくじを引き当てたと身の不運を嘆く女も多かった。

はるの今度の相手は野村勘助《のむらかんすけ》といった。

勘助は蚕飼村大字鯨《こかいむらおおあざくじら》（現下妻市）生まれ、体つきのがっしりした細顔の男前だった。やはり子持ちのやもめである。「文久元年生まれだ」と、常々言っていたからこの時三七歳（戸籍上は文久二年生まれ）、何度目かの婿入りであった。勘助は「俺はスイフロムコだから」と言うのが口癖で、それがどういう意味かと言えば、水風呂のように出たり入ったりするということらしかった。次男坊であった勘助はあちこち婿に行き、うまくいかないと分かるとすぐに出てきたのだという。大きな杉の木の下で相手の女と別れてきたというのも、酔ったときのひとつ話であった。

いっしょになった女が子どもを産んですぐに亡くなった時には、好きな相手だっただけに気落ちして、忘れ形見の小三郎《こさぶろう》は自ら引き取った。勘助二一歳の時のことである。小三郎の戸籍に母親の名は記入されず、勘助の姉が親がわりとなって大きくした。

勘助が「スイフロムコ」であったのは、兵隊に行くのが嫌だったからである。徴兵忌避《ちょうへいきひ》のための婿入り志願者はおびただしい数にのぼっており、村の中でも取り立ててそれをとがめることはなかった。

一八七三（明治六）年に徴兵令が公布されると、満二〇歳になった男子は徴兵検査を受けることが義務づけられた。この検査を受けた者がみな兵役《へいえき》に服するわけではなかったし、まして戦時でなければ戦争に行くわけでもなかったが、何百年もの間、戦《いくさ》は侍《さむらい》のものと相場は決まっていたのに、百姓まで兵隊になって戦うとは恐ろしいことになったものである。敵を殺したり、自分も殺されたりするかと思えば、自然と怖じ気《おけ》づいてしまう。村の家では、兵隊に取られて若い労働力が欠けるのも困ったことだった。
最初に出された徴兵令にはいくつもの免役条項があって、官省府県に奉職の者、官公立学校生徒、海外留学中の者、医科学生、二七〇円の代人料納入者などは除かれていた。しかし、大多数の者たちはそうした条件には該当しないから、逃《のが》れるためのさまざまな方法を考えだした。
一八七七（明治一〇）年に政府が出した布達には、次のように書かれている。

兵役《へいえき》は国の大事、人民必ず服せざるべからずの義務に候処《そうろうところ》、人民未《いま》だまったくこれに通暁《つうぎょう》せず、徴募《ちょうぼ》の際ややもすれば、にわかに他人の養子となり、または廃家《はいや》の苗跡《みょうぜき》を冒《おか》し、はなはだしきは自らその支体《肢》を折傷《せっしょう》する等をもって忌避する者往々《おうおう》これあり。これがためついに定員の不足を生ずるに至り不都合少なからず候条、なおいっそう精密に注意し、管下人民へも丁寧説諭《ていねいせつゆ》し、勉《つと》めてこれらの忌避を防ぎ候よう致すべく、この旨《むね》相達し候事
（『ニュースで追う明治日本発掘』より「東京日日新聞」二月三日付）

人々があの手この手を使って抜け道を考え、逃げようとしていたことがよく分かる。勘助のように婿養子に行ったり、跡継ぎとして養子に入ったりすることは、一応は合法的な手段と認められていたが、ほかにもこっそりと姿をくらましてしまう者も多かった。

茨城県は一八八四（明治一七）年から毎年のように戸長役場や郡役所に『徴兵失踪《しっそう》者調査の件達』を発して、「徴兵失踪者等ニテ所在不相分者《あいわからずのもの》」や「点呼《てんこ》招集《しょうしゅう》ニ際シ失踪等ニテ所在不分明ノ者」を「精密ニ取調」るよう指示を出している（『茨城県史料』）。

こうした兵隊のがれは、「国」や「国のために戦う」ということにリアリティを感じない人々の正直な選択であった。かつて江戸時代には、村人たちの生活を統括するのは村役人であり、旗本のお殿様や地方の代官たちであった。江戸の公方様《くぼうさま》（将軍）ははるかに遠い人、さらに京都にいる天子様《てんしさま》（天皇）に至っては、まるで雲の上の人のようであった。

また、日々の暮らしは村の中と、その近隣を行き来するだけで万事事足りており、狭い地域社会だけが全てだった。そのような中では「日本という国」「そこで生きている自分」といったことが、人々の意識にのぼるはずはない。文久生まれの勘助や、明治も始め頃に生まれた者たちにとって、「日本という国＝国家」というのは、なじみの薄い、受け入れ難い、面倒なことばかりを命じてくる厄介《やっかい》なものでしかなかったのである。

その後、徴兵令は国民皆兵《かいへい》を目指して何度も改正され、一八八九（明治二二）年の改正で戸主・嗣子《しし》（あとつぎ）・養子など家に関する徴兵猶予も全廃された。けれども、それ以降も逃げる者は後を絶たず、政府は取締まりに頭を悩ませ続けなければならなかった。

勘助は三八歳ではるの婿になるまで、うまい具合に法律をすり抜けてきたのであろう。はるは一八九九（明治三二）年八月三一日付で父庄三郎方より分家し、九月六日に勘助との婚姻届出を済ませた。しかし、両人の長男彦一郎の入籍は九月一日であるから、事実婚が先行し、あとからまとめて法的な手続きをとったということなのだろう。こうしたことは村では当たり前のことである。

はるが勘助とともに本家から独立して一家をかまえた時、家計は相当苦しかったらしい。稲葉こめは、夫の光男（はると勘助の三男）がその頃のことをこう言っていたと述懐《じゅっかい》する。

……借金だらけでひどかったらしいんだよな。だからなぁ、分かれた時（分家した時）なんど、家も建てる、土地も求めてやったんだから二人で礼奉公しろよって、ずっと祇園《ぎおん》（夏祭り）も盆も、一銭ももらぁねえでよ、働いでだんだと

しかし働いても働いても、思ったようではなかったのだろう。

オライのおじさん（光男のこと）言うのには、子どもらエカク（大きく）なった時、奉公に出すのかぁいそうだから、オレ（勘助）が手に職つけておけばって、弁当持って、鯨まで通ったたって聞いた。昔はせづなかったからなぁ

勘助が本豊田から北へ伸びる一本道を四、五キロばかり歩いて通った先は、鯨の瓦屋《かわらや》であった。鯨にはいつ頃始まったのか詳しいことは分かっていないが、瓦屋が五、六軒ほどあり、そのうちの一軒に修業に行ったものらしい（野村家の大本家の野村瓦屋であったのだろう）。瓦焼きによい土を探して、各地の土を舐《な》めながら転々としていた人が、鯨の土がよいということで腰を落ち着け商売を始めた、というのが起こりだという。元来《がんらい》器用で、相撲《すもう》取りにでもなれそうだと言われたほど体格の良かった勘助は、生まれた土地で見知った瓦屋なら勤まると考えたのであろう。

瓦屋は江戸時代には窯株《かまかぶ》を持っている者だけが商売を許されていた。しかし、御一新以降自由化されると、農作業の片手間に瓦焼きをする者なども現れて、浮き沈みの激しい時期が続いた。やがて明治も半ばを過ぎる頃にはそれも落ちつき、石下や水海道、宗道、下妻あたりの大きな商家や学校、役場などには黒々とした瓦が使われるようになった。けれども村では昔のままに藁《わら》や茅《かや》で葺《ふ》くのが常で、屋根に瓦をのせることはほとんどない。にもかかわらず、大小の瓦屋が商売として成り立ったのは、明治になって盛んになった養蚕業のお陰だった。オコサマを育てて繭にまでして売るという仕事は、農家に現金収入の途を開いた。

石下の近くでは鬼怒川の西の台地、広い関東平野の中では埼玉や群馬の山沿いの村々で養蚕業を手広く営む人々が急増し、人を雇い、家運を賭《か》けて、全財産をつぎ込む者も現れた。繭の値が急落したり、蚕に病気が出たりすれば借金まみれになってしまうが、うまくいけば莫大《ばくだい》な利益がころがってきた。彼らはその金で立派な家を建てた。そして鯨の瓦屋の瓦が、大尽様《だいじんさま》（でーじんどん）の屋敷の屋根を飾った。屋根が瓦葺きであるというのは、金があることを外に示す目印のようなものなのだった。

足で土をこねたり、瓦を一枚ずつ成形したり、窯焚《かまた》きの火加減を習ったり、鬼瓦《おにがわら》彫《ほ》りを覚えたりしながら勘助の修業は続いた。職人には農のかたわら身につけた技で商売する者や、家をかまえて専業にする者などいろいろいるが、少しでも日銭や賄いがよければ次から次へと移っていく渡り職人というのもいて、瓦屋商売にはこの「渡り」が割合と多かった。彼らの気質は、ひとつの村で毎年毎年同じ仕事を繰り返しながら一生を送る村人たちとは明らかに違っていて、精一杯働いて家産を増やし、家名を上げて後代《こうだい》に「家」を譲り渡す、といった考えなどはさらさらないようだった。

勘助の気性もそれと通じるところがあったのであろう。いろいろと癖のある職人たちとの修業も無事に終えた。かくして、本豊田で稲葉瓦屋が創業したのは一九〇〇（明治三三）年頃のことであった。

はると勘助は、本家から少し離れて建てた家の敷地に作業場を作り、瓦を焼くダルマ窯を設《しつら》えた。瓦作りは一人ではできないから、渡り職人や農閑《のうかん》の手間稼《てまかせ》ぎを雇って、二人は一生懸命働き始めた。

瓦窯（稲葉家のものと同型）
出典：『村史 千代川村生活史 第４巻』（千代川村）より転載

稲葉瓦屋は本豊田を南北に通り抜ける道と、新石下方面から西に延びる道がぶつかるところにあり、道行く人は遠くの方からでも、よく眺めることができた。もとは八幡様の裏手の畑であったのだが、天気のいい日には沢山の瓦がきれいに並べて干され、時には火を入れたダルマ窯から煙が立ちのぼった。農夫が馬に引かせた荷車から粘土やソダを下ろしたり、焼いた瓦を運び出したりする様子も、しだいに村の風景にとけ込んだ。

勘助の一日は、朝起き出すと外の井戸の端で筑波山の方を向き、両手をパンパンと合わせて拝むことからはじまった。そして同時に、空や雲を見、風の向きを確かめるのが日課であった。

瓦屋は瓦を天日干ししたり、窯焚きしたりするお天気商売だから、一日の仕事の算段をつけねばならないのである。

「筑波山に雲がかかっているから」「西の空が赤くなっているから」といった勘助の天気予報はピタリとよく当たった。夕方、小さな子どもたちがいつもよりキーキーと騒がしいと、「明日の天気は悪かっぺな」と言うようなこともあった。

勘助は酒好きの「スイフロムコ」ではあったが、決して怠け者ではなかったから、少しずつ信用も得、家業も落ち着いた。勘助が仕事に励む間、はるは裏で雇いの職人たちの面倒を見た。はるは気難しくいいかげんなところもある職人たちに、厳《きび》しいことを言って諫《いさ》めたり、酒をふるまったりして上手に働かせ、しばらくのうちにはすっかり瓦屋のオッカァになっていた。

二年ほど過ぎた頃、はるは役場に「隠居届出」を出すことになった（一九〇二〔明治三五〕年六月三〇日）。勘助との婚姻届出と同時に父庄三郎から分家した時、はるは戸主《こしゅ》だった。しかし、このたびは「隠居届出」を出して、勘助を戸主にしたのである。これは、はるや勘助が希望したものではなかった。「国」がまた、うるさいことを言ってきたのである。

何度もの検討を重ねた末に明治民法が公布されたのは、一八九八（明治三一）年のことだった。この明治民法は家の中の戸主に強い権威と権限を持たせ、家族は家長《かちょう》に服従しなければならない、というような格式ばったことを定めた。また、「家」の相続は男子優先の男系主義のみが正統であって、女が戸主であるのはやむを得ない場合だけに限られる、ということも明記した。

明治政府は民法において、武士の「家」を手本としたような「強い戸主権に統率《とうそつ》される家」を規定し、そうした習慣を持たない村人たちの暮らしの中に入り込んできたのである。どこの村でも家族は年齢や性別によって仕事を分担し、それぞれが欠かせない労働力であったから、力を出し合い助け合いながら生きてきた。その中で家長というのは家の代表者、家産の管理者、経営者であって、家族の上に君臨して支配するといったものではなかった。

しかし、こうした柔軟な家制度や地域差を明治民法は認めなかった。なぜなら、大日本帝国憲法（一八八九〈明治二二〉年）や教育勅語《ちょくご》（一八九〇〈明治二三〉年）の理念——天皇を頂点とする中央集権国家——を具体化して結実させるためには、国民掌握《しょうあく》の基礎単位である「家」から変える必要があったのである。政府は主に小学校で教育勅語を繰り返し教え込んで、忠《ちゅう》君愛国《くんあいこく》の心を少しずつ国民全体へと浸透させていこうと考えていた。しかし、それはなかなかうまくいかなかった。

一八九三（明治二六）年に、茨城県下（土浦町ほか八町村）の町村長、教員など八〇有余名を集めて行われた諮問《しもん》会では、次のようなことが語られている。

……幼時ノ記臆ハ老年ニ至ルマテ存在スル者ナレハ　尋常《じんじょう》生徒ノ中《うち》ニ勅語ヲ脳漿《のうしょう》ニ深《しん》染《せん》セシメ　漸次《ぜんじ》文字ノ力ト共ニ聖恩《せいおん》ノ鴻《こう》大ナル事又国体ノ万国《ばんこく》ニ卓絶《たくぜつ》スルコトヲ悟《さと》リ　不《ふ》識《しき》父母ニハ孝　君《くん》ニハ忠義ナル良民ヲ作リ出スハ目的テアリマス

……徳育ノ勅語ヲ賜《たま》ハリシ以来　生徒ニ孝悌《こうてい》忠愛ノ道ヲ教ヘテ家ニ不遜《ふそん》ノ子弟ナカラシメ　忠君愛国ノ道ヲ説《と》キテ国ニ不良ノ民ナカラシメンコトヲ是《こ》レ勉《つと》ムト　雖《いえども》トモ　実施ノ日猶《なお》浅ク　未《いま》タ充分ノ成績ヲ見ルコト能《あた》ハサルヲ憾《うら》ム

（『茨城県史料』）

教育勅語にある「克《よ》ク忠ニ　克ク孝ニ」というのは、天皇には忠を、親兄弟には孝を尽くせ、という意味であったが、村で「忠孝」と言えば先祖代々や親や目上に対する心がけの域を出なかった。村人の心の中に「国」というもののイメージが希薄であるのに、それを統治する天皇に忠誠を誓ったり、国を愛したりしろ、と言われても難しい。

政府は勅語を発した後になって、国民が納得できる忠君愛国の理屈を示さねばならないことに気づいた。そこで考え出されたのが「家族国家主義」とでも言うべきもので、「天皇と国民」と「親と子」という関係は同質のものであると位置づけた。

そして、「一国は一家の拡充せるもの」「家は小なる国にして、国は大なる家なり」「君《くん》（天皇）はなお親の如く、民《たみ》（国民）はなお子の如し」といった論法によって、「国も家だ、家も国だ」ということで落ち着いた。家も国のようであるべきなのである。

そのためには、国が天皇を頂点とする専制国家であるように、家も家長（＝戸主＝男）を頂点とするタテ構造に変えなければならない。戸主であった女たちが、その座を男たちに譲り渡すことになったのは、そのような理由によるものであった。

はると勘助にとって、戸主の変更はあまり大きな意味は持たなかった。勘助は酒が入ると相変わらず「オレはムコだからな」とぼやいて頭が上がらなかったし、はるは勘助と対等に言い合って負けてはいなかった。勘助が外で機嫌よく飲んで帰って来ると、通りの角を曲がったあたりから、大きな声で何事かをわめきながら家に入って来たものだという。はるに怒られるかららである。勘助は卑屈《ひくつ》な婿ではなかったが、酒を飲んで空威張《からいば》りしてみたくなるぐらいのことはあったのだろう。

はるも勘助も役場で行《おこな》った戸主の変更という手続きの背後に、政府のどのような思惑《おもわく》があったかなど、およそ遠く考え及ばぬことであった。

五　直一の死

一八九五（明治二八）年六月二一日、稲葉庄右衛門が息を引き取った。七四歳になる直前のことだった。

庄右衛門は六〇歳になった頃妻に先立たれ、宗道村の嶌田《しまだ》うめを後妻に迎えていた。うめは一八三七（天保八）年生まれで、稲葉家に来た時は四五歳であった。うめの実家は市村といい、嶌田というのはうめが後妻に入った家であったが、嶌田の家の子どもたちを育て上げ、長男に嫁でも迎えたのであろう、お役ご免となって庄右衛門のところに来たのである。そして、一三年間あまり稲葉家のために働き、庄右衛門の身の周りの世話をした後、夫が没すると離縁して再び嶌田家に帰って行った。

庄右衛門がみまかるふた月ほど前、日本政府は前の年の八月から清国《しん》との間で戦われてきた戦争に終止符を打ち、講和条約（下関条約）に調印した。近代日本が初めて体験した外国との戦争である日清《にっしん》戦争は、期間は八ヵ月、戦費は二億五〇〇〇万円（戦争前の年間の国家財政規模の約三倍）、戦死者五三〇〇人、病死者一万一八九四人といった規模のものであったが、日本人やその後の日本社会にもたらした影響は、決して小さなものではなかった。

日清戦争の原因は、日本と清国が朝鮮に対する主導権を争ったことにある。日本では明治新政府が成立した直後から、朝鮮を日本の支配下に置こうとする動きがあり、幾度となく朝鮮へ圧力を加え、軍事的な介入を繰り返していた。

一方、清国は古くから朝鮮と宗属《そうぞく》の関係を結んでおり、宗主国である清国が、属国とされた朝鮮に与える影響力はきわめて大きなものがあった。明治政府指導者たちにとって、その力はかねてからのねらいである朝鮮支配の妨《さまた》げとなるものであり、いつかは討《う》たねばならないと意識されていた。そして日本側は、「朝鮮の独立」という名目のもとに清国を徴発し続け、ついに日清戦争が始まったのである。当時この戦争に対して、福沢諭吉は次のように考えていた。

今度の戦争は内乱にあらずして外戦なり。内乱なれば国民の心次第にて敵味方おのおの贔屓《ひいき》もありて思い思いの説を作《な》し、思い思いの挙動することにして、古来の戦争みなしからざるはなし。……今度の戦争は根本より性質を殊《こと》にし、日本国中一人も残らず一心同体の味方にして、目差す敵《かたき》は支那《しな》国なり。我が国中の兄弟姉妹四千万の者は同心協力してあらん限りの忠義を尽くし、外にある軍人は勇気を奮《ふる》って戦い、内に留守する吾々はまず身分相応の義捐金《ぎえんきん》するなど差し向きの勤めなるべけれど、事切迫《ことせっぱく》に至れば財産を挙げてこれを擲《なげう》つは勿論《もちろん》、老少の別なく切り死にして、人の種の尽きるまでも戦うの覚悟をもって、ついに敵国を降伏せしめざるべからず。……忠勇義烈の壮語を吐かずして、内に自ら重きを持するは文明人士の心がけなりと、深くひとりを慎《つつし》みたりしに、今や不幸にしてかの頑陋《がんろう》不明なる支那人のために戦いを挑《いど》まれ、我が日本国民は自国の栄誉のため、東洋

文明の先導者としてこれに応ぜざるを得ず

（『ニュースで追う明治日本発掘』より「時事新報」一八九四〔明治二七〕年八月二八日付）

また、内村鑑三も『日清戦争の義』と題する一文に、

支那は朝鮮の不能を計《はか》り、これをして長くその依頼国たらしめんことを欲《ほっ》せり。……吾《ご》人《じん》の目的は支那を警醒《けいせい》するにあり、その天職を知らしむるにあり、かれをして吾人と協力して東洋の改革に従事せしむるにあり、吾人は永久の平和を目的として戦うものなり。天よこの義戦にたおるるわが同胞の士をあわれめよ

（『大日本帝国の試練』）

と書いて当時の知識人たちの声を代弁した。

政府の横暴を批判し続けてきた野党の政治家たちも、ひとたび戦争が始まると、政府の戦争政策に対する無条件の支持を表明した。与野党の意志がそろって戦争に向かい、進歩的な人々が「戦争の義」を訴えてやまない時、一般庶民が違う価値観でものを考えることは難しい。清国は弱い朝鮮を属国として扱い、非道な振る舞いをしては困らせている、日本は朝鮮の独

立を助けるために、また東洋のために、見るに見かねて清国を懲《こ》らしめるのである――強きを挫《くじ》き、弱きを助けるという構図は誰にでも分かりやすく、正義の戦いであることに疑いを持つ者はいなかった。

『東京の三十年』（田山花袋）には、その頃の街角の雰囲気が次のように記されている。

……都会も田舎《いなか》もすべて興奮と感激と壮烈とで満たされていた。万歳の声は其処此処《そここ》できこえた。……どんな田舎でもどんな山の中でも、戦捷《せんしよう》の日章旗の風に靡《なび》いていないところはないのを私は見た。人々は戦捷の祝《いわい》だと言っては飲み、出発の別離だと言っては集って騒いだ。……維新の変遷、階級の打破、士族の零落《れいらく》、どうにもこうにも出来ないような沈滞した空気が長くつづいて、そこから湧き出したように漲《みなぎ》りがあがった日清の役《えき》の排外的気分は見事であった

年老いた庄右衛門もまた、そうした国民感情の中にいたのであろうか。一八二一（文政四）年生まれの庄右衛門の一生は、時代の転換期の中で気苦労の多いものであった。二四歳で家督を相続して一家の主となると、本豊田村新宿の名主としての仕事も楽ではなかった。しかしそれでも、水戸の天狗党が常総の地で騒ぎを起こす（一八六四〔元治元〕年）前まではまだよか

った。あの頃から急に世の中があわただしくなり、予期せぬ出来事が次々と発生したのだった。御一新の以後も、村のための仕事は増える一方で、庄右衛門の四〇代から五〇代は追われるように過ぎていき、六七歳で息子の庄三郎に家督を譲り渡す（一八八八〈明治二一〉年）まで、忙《せわ》しない日々の連続だった。

そして気がつけば、大日本帝国憲法発布（一八八九〈明治二二〉年）、教育勅語発布・第一回帝国議会開催（一八九〇〈明治二三〉年）と、「国」というものの姿がそこにあったのである。庄右衛門がまだ若い頃、彼の頭の中には「日本という国」や「日本人」というような観念はなかった。それは庄右衛門に限らず、誰もがそうであった。それが明治になって「日本国」という統一国家になり、たくさんの新しい法律が嵐のように押し寄せてきた。御一新前のお上は、下々に対して時に慈悲や恩情を示したものだったが、そうしたこととは無縁の新社会は、村人たちには生きにくい世の中にも思えたことだろう。なかには昔を懐《なつ》かしむ者もあったに違いない。

ところが、朝鮮をめぐって日本が清国と対峙することになった時、にわかに「わが国」「われわれ日本人」といった意識に火がついたのである。そしてそれは、しだいに次のような強い論調の意見にまで発展していく。

もはや日本は、日本の日本にあらずして東洋の日本なり。東洋の日本にあらずして世界の日本なり。支那、朝鮮の我が対手《あいて》たりし時代はすでに去りて、露《ろ》・仏《ふつ》・英《えい》・独《どく》の我が対手たる時代来たれり。今後の日本は露・仏・英・独の諸国に対比して、これと相馳騁《あいちてい》（はせる）するに足るべき資格を具《そな》えざるべからず。

しからば何をもってか列国間に立ちてその権利を主張すべき。いわく、国際における最後の雄弁は武力なり、列国としての最首の資格は武装なり。今後の日本は第一に、大いに武装して起たざるべからざるなり

（『ニュースで追う明治日本発掘』より「国民新聞」一八九五〈明治二八〉年六月一日付）

こうした考え方の末に、日清戦争から一〇年後、日露《にちろ》戦争は始まる。

一九〇四（明治三七）年二月一〇日、日露両国はそれぞれ宣戦を布告した。号外は、天皇の「天祐《てんゆう》［天のたすけ］を保有し、万世一系《ばんせいいっけい》の皇祚《こうそ》を践《ふ》める大日本帝国皇帝は、忠実勇武《ゆうぶ》なる汝有衆《なんじゅうしゅう》［国民］に示す。朕《ちん》［天皇が自分のことをさして言う］、ここに露国に対して戦いを宣す」という言葉を伝え、それは湧き上がる歓呼の声の中で人々に迎え入れられた。

開戦直後に東京銀座の歌舞伎座《かぶきざ》で開かれた国民的後援大演説会には、三〇〇〇人以上の聴衆が押しかけ、弁士たちの戦争支持の熱弁に夢中になって拍手をおくった。また、五月に日比谷

公園で行われた対露戦《たいろせん》市民大祝勝会の提灯《ちょうちん》行列にも、一〇万人を越える人々が集まった。その様子は、「……狭隘《きょうあい》［せまい］なる橋［馬場先橋］の上は人浪《ひとなみ》を打って揉《も》み合い、へし合いいたる間に、後れし行列隊のヒシヒシと詰めかけしため、同所は身動きもならぬ有様となり、踏まれて叫ぶ者、倒されて泣く者、そここに見受けたるが、たちまちこの騒動によりて無惨なる死傷者を出すに及べり」といった混乱ぶりで、死者二〇人、負傷者二五人を出して終わった（『ニュースで追う明治日本発掘』）。

こうした人々の熱狂は、日清戦争を体験して以来、政府がより強い日本を創るために腐心《ふしん》してきた、民心統合政策の成果とも言えるものであった。政府はこの一〇年、尋常小学校をはじめとする学校教育の場では修身や教育勅語などによって、社会教育の場では青年会や在郷《ざいごう》軍人会・幻灯《げんとう》会などの集まりを通じて、「わが国」「われわれ日本人」意識を高め、忠君愛国の情を育てることに努めてきたのである。

都市部での人々の興奮は「全部の市民全《まった》く狂せるがごとく」（『前掲書』）というほどのものであったが、農村でも事情は同じであった。日露開戦の次の日は紀元節《きげんせつ》（二月一一日）であったから、子どもたちは日の丸の掲げられている門をくぐって小学校に登校した。講堂では教育勅語奉読《ほうどく》や君が代斉唱《せいしょう》の儀式のあと、校長が前日に発せられた天皇の詔勅（宣戦布告）を伝え、そのことについて話をした。大国ロシアが朝鮮・満州に対していかに横暴な振る舞いをしているか、日本がそれに対していかに悲壮な決意をもって果敢《かかん》に戦おうとしているか、校長は熱っぽく語り、子どもたちは家に帰るとその話を家族に伝えた。

刻々の戦況は、学校や役場に郵便で届けられる新聞によって知らされた。巡査は役場で新しい情報を仕入れては、行った先々で威勢のいい話をし、子どもたちは教師から話を聞いては日本軍の活躍に胸をおどらせた。そしてしばらくのうちには、村の中も戦争の話でもちきりになった。

しかし、大陸での日本軍の形勢に、遠くから一喜一憂しているうちはまだよかった。そのうち村々に召集《しょうしゅう》令状が届けられるようになると、戦争はいっぺんに身近なものになった。令状が下ると、村役場の兵事係はたとえ夜中であろうと、各家に配達しなければならない。そして、それを受け取った若者は、早々に指定された場所に集合しなければならない。彼らは「……父母妻子に別れを告げる暇《ひま》もなく、あるいは夕暮の田舎道に、あるいは停車場《ていしゃじょう》までの乗合馬車に、あるいは楢林《ならばやし》の間の野の路《みち》に、一包《ひとつつみ》の荷物をかかえて」急いで出立《しゅったつ》して行った（『田舎教師』）。

こうして、田や畑や海や山で仕事をしていた若者たちが、日本中から兵士として召集され、最寄《もよ》りの鉄道の駅から盛大な見送りの声に送られて、あちこちの部隊に運ばれて行った。稲葉直一《なおいち》もまた、そうして送られた若者のひとりであった。

直一は、今は亡き庄右衛門の孫である。庄右衛門の長男庄三郎には八人の子があったが、直一は一八七九（明治一二）年に次男として生まれた。今に残る直一の碑には「天資粋朴《てんしすいぼく》　気宇《きう》朗純《ろうじゅん》」とあるから、生まれつき素直で明るい、いつわりや飾り気のない人間であったのだろう。直一は一八九〇（明治二三）年三月に豊田尋常小学校（四年・義務制）を卒業した。当時高等小学校は宗道にしかなかったから、直一が尋常科から更に高等科まで通ったかどうかは不明である。学校を卒業したあとは、父や兄のもとで田や畑や養蚕の仕事に明け暮れていたものと思われる。

やがて二〇歳になった直一は徴兵検査を受け、近衛《このえ》歩兵第三連隊（旧赤坂区・現港区）に入隊した。近衛師団というのは、日本の軍隊の中でも禁闕《きんけつ》（皇居）の守衛や、行幸《ぎょうこう》（天皇のお出まし）、行啓《ぎょうけい》（その他皇族のお出まし）の警備を任務とする特別な軍隊で、この天皇の部隊には「特に其の家庭、財産、教育及体質の四者完美せる者」ばかりが選抜されて全国から集められた（「軍隊生活」『地方デモクラシーと戦争』）。

一般にも「近衛には顔と姿が良くなければ、どんなに入りたくても入れない」と信じられており、花の近衛と言えば人々の羨望《せんぼう》の的《まと》であった。直一の近衛入りは、家族にとってはこの上ない悦びであったに違いない。『改正　徴兵問答』（軍事普及会編）によると、戦時以外通常の入営に際しては、地元を出発する前日までに祖先の墓参り、鎮守の宮参りを済ませ、町村長をはじめ村内の知己《ちき》朋友《ほうゆう》親族を訪問して次のような挨拶をなし、廻礼するのが適当であるとしている。

今度私は何隊に入遂致《いた》し升《ま》す　就《つい》ては一方《ひとかた》ならぬ御心配に預《あずか》り升したが弥々《いよいよ》何月何日に出発致し升が　入隊後は充分と国家の為めに盡《つく》す　考《かんがえ》で有り升　何分《なにぶん》とも留守は老父母のことでありますから　何かと御世話に相成《あいな》る事と存じます。一寸《ちよつと》御別れの為め云々《うんぬん》

（『前掲書』）

そして髪は三分に刈り込み、爪や耳の中は塵《ちり》のないように清め、質素でこざっぱりとした服装で「入営の時は満面笑味《えみ》を以《もつ》て雀躍《じやくやく》して入隊」するのがよく、さらには「入門の時は勇ましく忙しくいそいそして入る可《べ》し　此時《このとき》に弱りたる風《ふう》を見せるは却《かえ》って不利益」であるとも説いている。

かくて、直一が親戚知人村人たちに盛大に送られて近衛歩兵第三連隊の門をくぐったのは、一八九九（明治三二）年一二月一日のことであった。三年間の兵役期間中は、軍隊の風紀や規律をまじめに守り、多くの人々の中で抜きんでた勤めぶりであったため、連隊長から善行証書を賜《たまわ》るという栄誉にも浴《よく》した。

その後は任期を無事務めあげて除隊したが、一年あまり過ぎた頃日露戦争が始まったために、再び郷里をあとにすることになったのである。鬼怒川西岸向石下《むこういしげ》の旧家増田家の当主の日記には、戦争のために次々と出郷《しゅっきょう》していく男たちの姿が書き留められている。

昼頃鴻ノ山《こうのやま》源光氏、召集ニ依《よ》リ明日下妻ヨリ出発スル由《よし》ニテ立寄ラレタリ（一九〇四〈明治三七〉年二月七日）　夕方オキン方《かた》へ栄作召集ニ依リ入営スルニ付《つき》同人方へ行キ、其ヨリ大字《おおあざ》一同ニテ川淵《かわぶち》迄送ル（二月八日）　朝長須宅ニ至ル。同人召集ニヨリ十日入営スルニ付、訪問セルナリ（三月七日）　長須氏召集ニ依リ出発セシニ付、字一同ミナ河原《かわら》迄送ル（三月九日）　雇人常三郎出兵ノ義理ニ来《きた》リ（七月一一日）　東京ヨリ叔父《おじ》戦地へ出発スルニ付、決別ニ来ル（八月二二日）（『石下町史』）

こうして日露戦争のために日本中から召集された青年たちは一〇〇万人を越え、茨城県内からは二万八六〇〇余人が出征していった。

直一の所属する第一軍近衛第三連隊第六中隊は、朝鮮半島上陸の後、遼東《りょうとう》半島を転戦しながら遼陽《りょうよう》へと向かった。日本軍は八月一九日から遼東半島南端旅順《りょじゅん》の要塞《ようさい》に兵力五万七〇〇〇人あまりをつぎこんで総攻撃をしかけたものの、ロシア軍の強硬な反撃に遭い、作戦は失敗に終わっていた。遼陽に集められた日本軍一三万五〇〇〇人あまりが、ロシア兵二二万人に対して猛攻を開始したのは旅順敗北の四日後、八月二八日のことであった。戦闘は激烈をきわめ、特に八月三一日の攻防は最大のものとなった。

直一の第六中隊は、その日遼陽のすぐ南の徐家溝《じょかこう》というところで戦っていた。ロシア軍の守りは堅く、勢いも一向に衰える様子がない。中隊の兵士はすでに一三人が死亡しており、形勢は緊迫していた。

中隊長が左翼にいる小隊に伝令を送ろうとしたのは、膠着《こうちゃく》した戦況を突破するためであったのだろう。隊の中から特に強くてたくましい兵士六人が選ばれて、任務を遂行《すいこう》することになった。そして、その六人の中には直一の姿もあった。

彼らが命令を受けて自陣を発《た》とうとしていたその時、敵の銃弾によって四人が斃《たお》れた。直一は落ち着いた様子で前方に数十歩進んで行ったが、やはり敵弾を頭に受けて倒れこんだ。体は流れる血で被《おお》われ、意識を失い、歩くこともできなくなった。けれども匍匐《ほふく》(腹ばいになること)して前進し続け、左翼への伝令を届けた。息はほとんど絶え、そのまま野戦病院に運ばれたが、一〇月一七日広島病院で落命した。二五歳であった。

直一と同じ近衛師団の砲兵は、その『征露《せいろ》従軍日記』に次のように記した。

遼陽の大戦は終わりを告げたり。戦闘開始以来悪戦苦闘を続くる事実《ことじつ》に拾有四日、野に伏《ふ》し、山に寝《い》ね、一塁《いちるい》を抜き、一塞《いっさい》を越《こ》ゆ、皆高き犠牲なくして得らるべき。我が軍の大《たい》捷《しょう》（勝）は実に屍山《しざん》と血河《けつが》との間に於て得たるを知らば、惨烈稀《さんれつまれ》に見るの光景誰もが慄然《りつぜん》たらざるものあらんや（九月五日）

（『日清・日露』）

この遼陽戦での死傷者は二万三〇〇〇余人を数え、戦争終結までには八万八〇〇〇人が戦死し、三七万人が戦傷を負った。うち、茨城県内では一九三四人が死亡した（『茨城県の百年』）。

一九〇五（明治三八）年一〇月、稲葉庄三郎は屋敷の南側の広い前庭の一隅に、直一の死を悼《いた》んで石碑を建立《こんりゅう》した。石碑は縦横一・五メートルほどの菱形の自然石で、吉原謙山《よしわらけんざん》（石下地域の文化人、漢詩文ならびに書を能《よ》くした）による追悼の文が綴《つづ》られている。碑文には、直一の人柄や戦場での働きとともに、果敢な行いを知った第一軍の司令官黒木為楨《ためとも》から感謝状を授けられたこと、国からは功《こう》七級勲《くん》八等に叙《じょ》せられ、金鵄勲章《きんしくんしょう》と白色桐葉章《とうようしょう》が下賜《かし》されたことなどが記されている。

純朴で親孝行だった直一の死には、たくさんの名誉が与えられた。庄三郎が息子の戦死をどのように受け止めたのかは分からないが、立派な石碑の陰には、親の深い悲しみが込められていたのであろう。異母姉であるはるは、「ナオはヨーヨーで死んだ、かわいそうなことをした」

と、あとあとまで不憫《ふびん》がったという。

現在、直一が死んでから一〇一年の月日が経つ。妻も子もなく、写真の一枚さえも残っていない直一の生きた証《あかし》は、石碑の中にだけひっそりと刻《きざ》まれている。

六　明治の終わり

日露戦争は世界史的に見れば、ドイツ・フランスからの支持を得ているロシアと、イギリス・アメリカからの支持を取り付けた日本とが、アジア、特に満州・朝鮮に対する支配権の確保をめぐって争った帝国主義戦争であった。

日本近代史の上からは、日本の勝利は世界の強国として帝国主義列強《れっきょう》の仲間入りを果たし、朝鮮に対する植民地化を更に進めたということであり、この戦争によって日本の資本主義が確立され、その後驚異的な速さで発展した、ということになる。

また、時の指導者たちにとっては、日清戦争以来「臥薪嘗胆《がしんしょうたん》」をスローガンに耐え忍んできた末の日露戦争の結末が、たとえ屈辱的な講和条約で終わったとしても、勝ったことに違いはなく、これで日本も世界の一等国の仲間入りを果たし国際的地位も高まった、というのが言い分である。

国民の側からすると、小さな日本が大国ロシアを打ち破るという快挙に、誰もが喝采《かっさい》の拍手を送って湧き上がるような喜びに酔い、一方で戦費を賄うために増税（地租・所得・営業・酒・醤油・砂糖・塩・たばこ・印紙・石油などの諸税）や国債応募といった負担を強制され、物価の上昇から生活がひどく苦しくなることを知る、ということだった。

特に都市生活者のうち底辺層でその日その日を送っているような人々には、戦争による不景気の打撃は大きく、職を失い夜逃げや一家離散に追い込まれ、より下層へと流れていくことにもなった。

更に農村にとっては、若い働き盛りの男たち一〇〇万人以上が兵隊として召集されて行ってしまった、ということだった。残された家族は夫や息子の帰りを待ちわびながら、欠けた労働力の分までなお一層働き、一年半あまりを耐えた。そして、日本が勝ったという喜びと引き替えに、大勢で旗を振りながら盛大に見送った兵隊たちが、死んで帰ってくるという現実も味わなければならなかった。死なないまでも病気やけがによって重い障害を負い、村に戻ってももとのようには働けない者も多かった。その数は一七万人とも三八万人ともいわれる。

その兵士たち自身にとっては、故郷を離れて鉄道で地方まで運ばれ、船に乗せられて外地に降り立つという大移動を初めて経験した、ということであった。また、「家」や「村」のためにではなく、「国」のために働くということの実際を体験した、ということでもあった。

こうして人々にくさぐさの思いを抱かせて戦争が終わると、世の中に変化が現れてきた。都市部には次々と大きな会社ができ、都市周辺部では田畑をつぶして巨大な工場が操業を始めた。特に紡績・機械・化学工業などが大きく伸びて、日本の重化学工業発展の足がかりはこの時期に作られた。

そしてそれに合わせるように、地方と都市とを結ぶ鉄道網も拡充され、都市部に仕事を求める人々が殺到した。日露戦争が終わった頃の東京の人口は二〇〇万人あまりであったが、そのうちの一〇〇万人あまりは関東近県や「地主王国」といわれた新潟県、その他全国からの上京者たちであったという（『東京都の百年』）。

それは当然ながら、関東近県や新潟県などの農村から一〇〇万人あまりが東京へと流出していった、ということである。彼らの多くは増税や物価の上昇などによって家計が圧迫され、借金をしたり田畑を質入れしたりしたものの、金が返せずに土地を離れなければならなくなったのである。一家そろって生まれ育った村をあとにするのは、辛く切ないものであったろう。

一方では、日清・日露と戦争を経るごとに日本の経済は拡大したから、村に残った者たちの中には着実な農家経営をして現金収入の途を広げ、家産を増やすことに成功する者もいた。また、家産を増やすとまではいかないまでも、暮らしが少しずつ上向いた家も多くなった。それは藁《わら》葺《ぶ》き屋根が茅《かや》葺きや瓦《かわら》葺きになり、板敷きに藁筵《わらむしろ》を使っていたのが、畳や備後表《びんごおもて》が敷かれるようになったことなどからうかがい知れた。台所には急須や食器類が備えられ、魚灯油や菜種油《なたねあぶら》のあんどんは石油ランプになった。麦ばかりの飯だったものが、少しは米を混ぜて食べられるようにもなった。こうしたことはみな戦争後にやってきた目に見える変わりようであった。

だが、目には見えないことにも変化は生まれていた。それはたとえば、従軍という体験をした村の青年たちの心であった。彼らの心は戦争に行く前と後とでは大きく違っていた。

召集された青年たちは各地の部隊に配属され、兵士としての教育を受けた。そこでは洋服・靴・帽子・椅子・ストーブ・電灯・ベッドといった洋風の生活を送り、話し方も出身地の言葉ではない特有の軍隊用語を使うきまりになっていた。そして、軍隊内は細かい階級に分かれた厳しいタテ社会であるから、上官の命令は絶対であって逆らうことは決して許されない、ということも覚えねばならなかった。村の中での暮らしとは相当に違う世界であったが、思いがけない良いことがあることも知った。自分の知らない他郷《たきょう》の者同士のふれあいは新鮮な驚きをもたらし、食事は村にいる時よりも良いものが食べられ（肉・缶詰・パン・ビスケット・白米など）、訓練は村で仕事をしているよりも楽であった。また、村の中での家格が上であろうと下であろうと、軍隊の中では関係がないのだった。

戦争が始まると、たくさんの部隊が軍港に向けて移動する。その途中に眺める風景も、船で行き着いた先の朝鮮・中国の景色風俗も、初めて見るものばかりだ。そしてひとたび戦闘が始まれば、味方が次々と死んだり、敵を殺したりした。「国」のためというのは、なかなか苛酷《かこく》なものである。

こうした体験の後に村に戻ってきた青年たちには、「国」と「自分」との距離はずいぶん近くなったと感じられたことだろう。そして、自分が「国」を支える一翼《いちよく》をになった、という実感も味わったことだろう。また、村で死ねばただそれだけのことだが、戦死をすればその死は価値あるものと国が評価する、ということも知ったであろう。

変わったのは従軍した若者たちの心だけではなかった。戦争という非常時は、村に残った若者たちの心にも波紋を広げた。新聞『いはらき』には、「戦争の本県女子に及ぼしたる影響」というタイトルで、次のような一文が掲載されている。

……第二は国家なる概念の盛《さかん》になり従《したがい》て時勢に接触する事となりたる事に在《あ》り　女子の国家なる観念は平時に在りては男子に比《ひ》し甚《はなは》だ薄弱なるを免《まぬか》れず　此《これ》は女子の性質として国家と云ふが如き大なる観念より　目前に存在する小なる観念の感触を与ふる事深き為《た》めなるべしと雖《いえど》も　開戦以来此《この》傾向は著《いちじる》しき変化を来《きた》し　国家を愛する観念は細心にして綿密なる丈《だ》けそれ丈け男子より強くなれ来れり　従来本県の村落の如《ごと》きは中等以上の家庭に在ても新聞を手にする女子少なく　ヨシ手にするとしても其《その》読むべき範囲は小説講談と云ふが如き部面に限られたりしも　開戦以来は非常なる注意を以《もっ》て戦報を通読するなど開戦以前に比し全く其傾向を一変せり　此結果として知らず識《し》らず時勢にも接触する事となり　女子も女子相応の務《つとめ》をなすべき義務あるものとの考慮を抱くに至れるもの丶如しと云ふ

（『茨城県史料』より　一九〇四〔明治三七〕年一二月一七日付）

女たちがそうであるなら、男たちもまた然《しか》りであったろう。実際、新聞*の発行部数は日露戦争が始まってから急増し、一枚の新聞を何人もが取り囲んで戦況を知ろうとする光景は、少しも珍しくはなかった。

小さな子どもたちも大人の話を聞きかじって、旅順《りよじゆん》陥落《かんらく》、遼陽《りようよう》占領、二百三高地《こうち》、バルチック艦隊、乃木《のぎ》将軍、ステッセル将軍といった言葉を覚えてしまい、戦争ごっこをしない男の子はいないほどだった。

そして、この子どもたちの心にも、外からでは分かりにくいけれども、それまでとは違う世界が訪れていた。彼らが通う学校では、国が定めた格式ばった儀式が定着して、三大節（四方拝＝一月一日、紀元節＝二月一一日、天長節のちの明治節＝一一月三日）や祝祭日ごとに、画一化された式が繰り返されるようになった。校長が白手袋をして厳《おごそ》かに教育勅語を奉読《ほうどく》（捧《ささ》げ持《も》って恭《うやうや》しく読み上げる）している間、子どもたちは頭《こうべ》をたれて黙って身じろぎもせずにそれ

＊ 新聞発行部数（『明治大正のジャーナリズム』より参照）
一九〇三（明治三六）年　一九〇七（明治四〇）年
『報知新聞』　八万三四〇〇部→三〇万部
『東京朝日』　七万三八〇〇部→二〇万部
『大阪朝日』　一〇万四〇〇〇部→三〇万部

を聞かなければならない。

子どもたちは日露戦争後、教育勅語にある「一旦緩急《いったんかんきゅう》アレバ義勇公《ぎゆうこう》ニ奉ジ以《もっ》テ天壌無《てんじょうむ》窮《きゅう》ノ皇運ヲ扶翼《ふよく》スベシ」（いったん危《き》急の場合があった時には、正義と勇気を公にささげて、それによって天地と同じように永遠に続く天皇・皇室の運をたすけるべし）という文言《もんごん》は、戦争になったら兵隊になって「国」を守れということと理解して、自分もいずれはそういう立派な人間になって「国」のために尽くしたい、と思う者を増やした。

しかし長男であれば、村の中で暮らして先祖代々の霊を祀《まつ》り、田畑を守って後代に譲り渡すという役割も果たさねばならないから、子どもの心はふたつの価値観を抱え込むことになってしまった。長男である子どもたちのほとんどは、現実的に「国」よりも「家」をとって、村の中の日常に自分の将来を重ねたが、それ以外の子どもたちの中には、そのどちらでもなく都会に出て成功して金持ちになりたい、村の高等小学校より上の学校に進みたい、といった夢をふくらませる者もいた。農家の二、三男は、大きくなったら他家に養子に入る、近隣へ奉公に出る、他家の作男をするぐらいしかなかったのだが、自分の力でのし上がる道も開けてきたのである。今まで「都会に出る」と言えば借金のために故郷を追われて、という場合がほとんどであったのに、若者たちは自らの未来を切り開くために出郷《しゅっきょう》しようとする。農村の青年が「自分の将来に夢を持つ」ということを手に入れ始めたのである。そしてその頃から、都会を悪く言う論説が目立ち始める。

嗚呼《ああ》都会の誘惑！是《こ》れ実に恐るべきものであって、田舎荒廃《こうはい》の原因、その大なる一《ひとつ》をここにあらずとすることは、蓋《けだ》し［思うに］出来ぬであろう。而《しか》もその間接の結果として、伝染の病毒や、風俗の敗頽《はいたい》を田舎に誘致する、是れまた或は就中《なかんずく》［特に］最も恐るべきものであるかも知れぬ

（『大日本帝国の試練』）

何故《なぜ》農村青年が都会に憧《あこが》れるのであらう。彼等の目には、表面的人工の美と絢爛《けんらん》として華やかな生活、尚又《なおまた》都会は成功の天地と心得ある一、二の成功者を羨望《せんぼう》して憧れるのではないか。果して都会が田舎青年の夢想する程頼母《たのも》しい処《ところ》であらうか。見給《みたま》へ、誘惑の毒手は到る処に其の手を延《の》し、又成功者の裏面には何万人の失敗者が暗い淵に苦しんで居るのではありませんか。覚醒《かくせい》せよ農村青年諸氏

（『明治・大正の農村』）

都会は悪いところだ、怖《こわ》いところだ——だが、そうであったとしても、それ以上の魅力があるのだから仕方がない。

悪く言われた都会、なかでも東京は文明開化から四〇年あまりを経て、かつての江戸を上回

る繁華な街になっていた。上野や浅草にいたタヌキやキツネも少しずつ奥に引っ込み、市街地も拡大した。銀座にはイルミネーションが輝き、時には自動車も走り、カフェー・劇場・デパートには大勢の人が集まった。浅草では古くからある寄席《よせ》や見世物《みせもの》に混じって活動写真や浅草オペラなども始まり、たまの休みを楽しもうとする人々でにぎわっていた。

そして、新しい学校（小学校以外の）が次々とでき、本や雑誌も続々と出版された。少年少女向けの雑誌『少年界』『少女界』（一九〇二〈明治三五〉年）、『日本少年』（一九〇六〈明治三九〉年）、『少女の友』（一九〇八〈明治四一〉年）、『立川文庫』（明治末〜大正にかけて）などは、「家」と「村」と「学校」しか知らなかった子どもたちに、それ以外の広い世界を紹介する役割を果たした。

大人向けには『中央公論』（一八九九〈明治三二〉年）、『東京パック（マンガ）』『婦人画報』（一九〇五〈明治三八〉年）、『白樺《しらかば》』（一九一〇〈明治四三〉年）、『青鞜《せいとう》』（一九一一〈明治四四〉年）などが発行された。読者はいまだ一部の人々に限られてはいるが、新時代の先端をいく思潮にあふれている。特に『白樺』は、個人を尊重し自由を求め、よりよく生きるためには「国家」や「忠義」さえも否定すると主張し、旧《ふる》い道徳と対立した。『青鞜』もまた、女たちを束縛《そくばく》する旧い慣習や社会通念からの解放を目指した。

社会主義的な団体も結成され（日本社会党・平民社＝一九〇六〈明治三九〉年、友愛会＝一九一二（大正元）年）、「国家」「社会」と「個人」との間係を、昔ながらの主従の関係から対等なものへと変えていこうと訴えた。

こうした既成の秩序を揺さぶる動きは、日露戦争後特に目立ち始め、政府の危機感を大いにあおることになった。そしてこれらの新しい思想や文化は、都会の片隅の裏長屋でその日暮らしをしている人々や、天気と作柄を心配しながら朝から晩まで野良で働いている人々の中に、静かに流れ込んでいった。

御一新の時には、政治と経済のしくみが大きく変わって新しい世の中になった。けれども民衆にとっての御一新は、それから三〇年、四〇年経って明治も終わる頃、ようやく訪れてきたのであった。

七　野村小三郎の見た東京

稲葉直一《なおいち》が亡くなってから五年後（一九〇九〔明治四二〕年）、六三歳になった庄三郎は隠居届けを出して長男の徳松《とくまつ》に家督《かとく》を譲り渡した。徳松は三九歳、四人の子どもがあり、長男の源一《げんいち》は一三歳になっている。

稲葉家の庄右衛門の時代は、世の中の大きな転変《てんぺん》とともに、村のために忙しく働き続けて過ぎていった。庄三郎の時代になると、庄右衛門に委《ゆだ》ねられていたような仕事はみな村の役場や郡の役所がやるようになり、庄三郎に特別な肩書きはなくなった。彼が一家の長であった間には、日清戦争（一八九四〔明治二七〕～一八九五〔明治二八〕年）、日露戦争（一九〇四〔明治三七〕～一九〇五〔明治三八〕年）という二つの大きな戦争があり、自らも「名誉の戦死者」の父となって苦い思いをかみしめた。

一八七〇（明治三）年生まれの徳松は、祖父の姿も父の姿もそばで見ながら、ただ懸命に田畑を守ってきた。日清戦争が終わった頃から、農のかたわら副業に励んで上手に商売をする者や、反対に暮らしに困って田畑を質に入れて金を借り、そのまま請け戻せずに土地を失う者たちが増えている。金の流れが忙《せわ》しなくなって、うかうかしていては、先祖伝来の田畑を持ちこたえることさえ大変な時代になった。徳松の孫庄一（一九二七〔昭和二〕年生まれ）は、幼い頃に見た祖父は「とにかく働く一方だった」と言う。

庄三郎のもとから分家した徳松の姉はるは、本家の西隣で亭主の勘助とともに瓦屋稼業《か》に勤《いそ》しんでいる。一九〇五（明治三八）年には二男の福雄《ふくお》が生まれた。翌年には七歳の長男が急死するという不幸に見舞われるが、その次の年には長女まつ、五年後には三男光男が誕生した。はるは四五歳、先夫の子亀蔵は一六歳になった。

光男が生まれてから五ヵ月ほど過ぎた一九一二（明治四五）年七月三〇日、明治天皇が亡くなった。人々は誰も「ああ、とうとう御《お》かくれになったか……親しみの多い、なつかし味の多い、恐れ多いが、頼りにも力にもし申し上げた私たちの明治天皇陛下は崩御《ほうぎょ》された！」（『東京の三十年』）と嘆《なげ》いて、深い悲しみに沈んだ。

古きものと新しきものとの間で大きく揺れ動き、破壊と建設とを繰り返した明治という時代が、こうして静かに終わった。

はるは、子育てと瓦屋の裏方、本家の田んぼ畑の手伝いに追われて、息つく暇もなく暮らしていた。そして気がつけば「大正」になっていた。

大正が明けて次の年、勘助とはるは二人で東京浅草に向かった。勘助の息子小三郎《こさぶろう》が所帯を持つことになり、ささやかな祝宴の席が設けられることになったのである。小三郎はすでに三〇歳になっており、花嫁は一七歳の久保ゲンという娘だった。ゲンは小三郎が浅草日本堤《にほんづつみ》に下宿していた家の一人娘で、家主であったゲンの両親が小三郎を気に入って話がまとまったのだという。

お歯黒《はぐろ》をして眉を剃り、髪をきれいに結い上げたはると、こざっぱりとした着流し姿の勘助は、手土産《てみやげ》を抱えて新石下まで歩いていった。新石下からはトテ馬車に揺られて水海道《みつかいどう》へ行き、そこから鬼怒《きぬ》川の河岸《かし》に出て外輪《がいりん》蒸気《じょうき》船通運丸に乗った。そして半日あまりも川を下って、ようやく東京に着いた。

勘助もはるも小三郎が立派に成長したことがうれしかった。小三郎は勘助の姉に引き取られて大きくなったが、勘助がはるのところに婿入りすることになった時、東京日本橋に奉公に出された。小三郎が一五歳の頃（一八九八〈明治三一〉年）のことである。その頃はまだ、勘助とはるが乗ったような川蒸気は水海道まで航路が開かれておらず、利根川沿いの野木崎（現茨城県守谷市）あたりまで歩き通して、ようやく東京両国行きの通運丸に乗ったものであった。

勘助は小三郎が日本橋の空《あ》き樽《だる》屋に奉公にあがったばかりのある日、こっそりと様子を見に行ったことがあった。華奢《きゃしゃ》で小柄な小三郎が、主人に言いつけられたように働けるものか心配だった。勘助が物陰からのぞいていると、小三郎が奉公先の裏口から出てきて、背伸びをしながらつるべ井戸から一生懸命水を汲《く》んでいる。その姿を遠くから見て、勘助はひと安心して帰ってきたのだった。あれから一五年の月日が流れたかと思えば、勘助の感慨も一入《ひとしお》である。

一五歳の小三郎が故郷をあとにやってきた日本橋は、活気にあふれた商人の町だった。この町には問屋《とんや》や仲買《なかがい》、小売りなどの店が数多く集まっていて、ここで扱われていないものはない

日本橋通りの白木屋呉服店　出典：『古写真で見る 江戸から東京へ』（世界文化社）より転載

と言ってよいほど、たくさんの品物が取引きされていた。一八八二（明治一五）年には、日本橋区に問屋は一五三六店、仲買は五五五店、業種は一〇九種類あったと記録されている。特に食料品と繊維《せんい》身廻品《みのまわりひん》を扱う問屋は一〇一六店（全問屋数の六六％）にのぼり、庶民の生活を支える流通の要《かなめ》となっていた（『中央区史』）。

また、日本橋の橋の際《きわ》には魚河岸《うおがし》があり、日本橋小網町《こあみちょう》・蛎殻町《かきがらちょう》には米穀《べいこく》屋、大伝《おおでん》馬町《まちょう》には木綿《もめん》屋、本町には薬種屋、小舟町には鰹節《かつおぶし》屋、小伝馬町《こでんまちょう》には箪笥塗物《たんすぬりもの》屋、堀江町には畳表《たたみおもて》屋、十軒店《じっけんだな》には人形屋、伊勢町には砂糖屋、照降町《てりふりちょう》には下駄《げた》傘履物《かさはきもの》屋といったぐあいに、同業者が集まって町の一角をなしているのも、この町の古い伝統を物語っていた。

　大きな通りに面して並び立つ商家は、一様に黒っぽくがっしりとした二階建になっていて、軒《のき》には店の屋号を染め抜いた紺の暖簾《のれん》がかけてあった。暖簾の端は道路まで届くほど長く、風でバタバタしないように両端に石の重しがしてある。

　そこを地味な着物に紺色の前掛姿の地元の商人たちや、遠方から泊まりがけで仕入れにきた仲買人たちが忙しそうに行き交《か》っている。背中に大きな風呂敷包みを負う者もいれば、重そうな荷車を引く者もある。商家の店先にはたくさんの荷が積んであり、丁稚小僧《でっちこぞう》がごみを掃いたり、水をまいたりして立ち働いている。暖簾の奥の薄暗い帳場では、番頭が算盤《そろばん》をはじいたり、大福帳《だいふくちょう》に筆で書きものをしたりしている。

　そして、少し裏へまわれば「朝目を醒《さ》ますと、富貴《ふき》（煮豆）売りや、でえでえ屋（雪駄直《せった》し）などの荷売りの声が、この狭い小路《こうじ》のなかに姦《かしま》しく、しかも、のんびりと流れてゐ《い》た。繁華な日本橋の裏通りでゐながら、人通りが絶へると家鳩が五六羽も下りて来たりするなどする」（『中央区史』）ような風情《ふぜい》も残る町だった。

　小三郎の奉公先の空き樽屋は、日本橋にあったことは確かだが、詳しい場所は不明である。小売店から回収した空き樽は、回漕《かいそう》業者が船に積んで野田や流山・銚子あたりまで運んだのであるから、川や堀に囲まれた箱崎町・蛎殻町あたりであったと思われる。空き樽屋は一八八二*

（明治一五）年東京市内に三二店あり、日本橋には五店の問屋と二店の仲買があった（『中央区史』）。それが一八九六（明治二九）年になると、市内の空き樽屋は五一店に増える（『東京風俗志』）。一五年ほどの間に、樽に詰めた商品（味噌、醤油、酒、みりん、漬け物など）の消費が急増したためであろう。

日本橋に限らず日本中のどこでも、商人や職人たちの世界では年端《としは》もいかぬ頃から奉公にあがり、一〇年二〇年と修業を積んで一人前になり、やがて独立して一家をかまえるというのが長い間の習いであった。『中央区史』には、かっての日本橋商人の修業がどういうものであったのか、そのあらましが記されている。

一三、四歳になった子どもが、親元から斡旋人《あっせんにん》の手を経て住み込みの店員になると、小僧時代は名前に「吉」をつけ、更に「どん」をつけて清吉どん善吉どんなどと呼ばれることになっていた。五、六年して中僧になると吉は「七」（時には助）に変わり、清七、善七となった。精励《せいれい》努力して一〇年あまりのうちに番頭に昇格すれば、今度は七から「兵衛《へえ》」になって、清兵衛、善兵衛と呼ばれるようになる。

＊　『中央区商工名鑑』には、一九五六（昭和三一）年時点で、空樽空ビン空器を扱う会社が日本橋箱崎町と日本橋浪花町（現人形町）に一社ずつあったことが記載されている。

この番頭・中僧・小僧の間にはっきりとした序列があって、小僧のうちは着物にも肩上げがあり、寒中でも足袋《たび》も羽織《はおり》も着用してはならなかった。中僧に進めば肩上げをおろして元服《げんぷく》し、主人から新しい羽織と煙草《たばこ》入れをいただいて、はじめて喫煙《きつえん》が認められる。食事の時には、自分専用の椀《わん》も使えるようになる。そして、一〇年なり一三年なりの年季が明けて番頭になれば、外から通勤することも、妻を娶《めと》ることも、絹物を着ることも許され、主人から記念の品などが贈られる。こうなれば帳場をあずかって、独立のチャンスが来るのを待つばかりとなる。

こうした奉公生活の中で、日本橋商人としての基本を仕込まれ、みっちりと鍛《きた》えあげられるのは小僧の時代であったといわれる。朝は五時頃から起きて店の中を拭《ふ》いたり掃《は》いたり、風呂場や便所もきれいに磨き上げ、客が来れば履《は》き物をそろえ、茶菓を運び、買い物の使いにも行き、主人の家族の雑用も命じられ、夜遅くまで休む暇はない。

一年中変わらぬ味噌汁と香《こう》の物（昼はおかずが一品つく）の食事は、台所の上がりかまちに腰掛けたまま無駄口をきかずに手早くすませ、すぐに仕事に戻る。ぐずぐずしていると中僧や番頭に怒鳴られる。商品の荷造りは、荒縄《あらなわ》を結ぶことも菰《こも》の上に筆墨で宛名を書くことも小僧には難儀なことで、その上商品を届ける時には、荷車箱車に積んでどんなに遠くまでも引いて行かねばならない。時には大風呂敷に包んだ商品を背負って配達に行き、夜になってとぼとぼ帰り着くようなこともある。

浅草・公園六区活動写真街　出典：『目で見る東京百年』（東京都）より転載

そのほかにも商人の世界の古くからのしきたり、言葉遣いや立ち居振る舞い、算盤の練習、取引符《ふ》牒《ちょう》や得意先名の暗記、商品の良し悪しの見分け方など、身につけなければならないことは山ほどあった。寒風の中、ひびしもやけで赤く腫れた手足に血をにじませ、主人からどやしつけられながら働くことに耐えられない者には、これから先の見込みはないのだった。小三郎の小僧時代も小吉どんなどと呼ばれながら、わき目もふらずに働いて過ぎたのであろう。

小三郎のような日本橋の奉公人たちの楽しみと言えば、藪入《やぶい》りでふるさとに帰ることと、たまの休みににぎやかな所へ遊びに出かけることであった。旧暦の一月と七月の一五日の藪入りには、主人からオシキセ（仕着、新しい着物・帯・足袋・下駄など）と小遣いをいただいて親元に戻り、一晩二晩泊まってくるのがならわしとなっている。あわただしい里帰りではあるが、年に二度しか会えない親と子にとっては、なによりうれしいひと時である。それ以外の休みの日は、水天宮《すいてんぐう》の縁日《えんにち》（現中央区蛎殻町）や両国広小路《ひろこうじ》（現中央区日本橋）、浅草（現台東区浅草）あたりで息抜きをすると相場は決まっていた。

年少の小僧の方は一〇銭玉を小遣いとしてにぎらされ、浅草へ行く。まず何かの興行を見に入る。電気館（一九〇三〔明治三六〕年～一九七六〔昭和五一〕年）の活動写真は五銭、割引は三銭、富士館の連鎖劇、国華座・宮戸座・常盤座等の芝居、剣舞、剣劇、都おどりなどが五銭で観られ、江川の玉乗りは三銭だった。それを観てから一杯一銭五厘のもりそばか、かけうどんを食べる。天なんばんが二銭五厘、天ぷらそばが五銭……それで公休日は暮れてしまう（『生活史Ⅲ』）

小三郎の休日も同じように過ぎたのだろう。

自分で自由になる金が持てるようになるのは、長い年季が明けてからのことである。そしてその頃になると、奉公人たちは浅草六区ばかりではなく、吉原《よしわら》（遊廓《ゆうかく》）あたりまでも足をのばすようになる。遊廓に登楼《とうろう》して朝帰りをしたり、吉原からそのまま働きに行ったりする若い男たちも多かったという。

これは奉公人たちに、結婚して生活を維持していくだけの賃金が与えられていなかったためである。日本の商業人口は一八七二（明治五）年に九四万人であったものが、一九二〇（大正九）年は三四六万人、一九三〇（昭和五）年には四九六万人と増え続けたにもかかわらず、奉公人たちに手渡されるのは、いつの時代も主人の温情で支給されるわずかな給金ばかりだった。

商店主にしてみれば、奉公人は見習いをしながら商人としてのイロハを仕込んでもらっているのであり、いずれ独り立ちして一家をかまえるまでは薄給であっても当たり前のことである。「いわゆる特飲街や遊廓での一番の顧客が商店従業員であった」（『生活史Ⅲ』）というのも、相応のわけあってのことだった。

小三郎もこうした奉公人たちの例外ではなく、仕事仲間と連れだって足繁《しげ》く吉原通いをしていたことがあったらしい。大家《おおや》の久保伝蔵がそれを見かねて、そろそろ身を固めたらどうかと話をもちかけ、引き合わせた相手が伝蔵の一人娘ゲンだったのである。

ゲンは素直でおっとりしていて、気立てのよい娘だった。そして浅草という土地柄のためか、小粋でアカ抜けてもいた。小三郎と結婚して二人で本豊田に行くと、村の人々はゲンを遠目に見て、「小三郎の嫁は芸者でもやってんのかい」と噂しあったという。村の中でもよそへ奉公に出る若者は何人もいたが、小三郎のように東京まで行く者は少なかったし、その上きれいな着物を着た娘を連れて勘助のところに来るのだから、人目を集めるのも無理はなかった。一方ゲンは、夫の父親のいる村に行くことを嫌いはしなかったが、「こっちへ来ると陽《ひ》が強いから、着物が灼《や》けてしょうがない」とこぼして、外を歩くときには必ず日傘をさしたものだという。

ゲンの父久保伝蔵は若い頃足利《あしかが》（現栃木県）から出てきて、ふすま紙の型絵付け屋で修業を積んだ職人だった。まじめにこつこつと働いていくつかの家作《かさく》を持ち、趣味は小唄や踊りという円満実直な人間である。その妻リャウ（以下りょう）は髪も着物もきっちりと隙《すき》のない、歯切れよいもの言いの敏活《びんかつ》な女である。

小三郎はゲンと祝言《しゅうげん》の後、伝蔵とりょうの暮らす日本堤《にほんづつみ》の家に同居して、そこから日本橋へ通うことにした。小三郎の新しい生活が始まったのである。女房と義理の父母との生活は、彼には好ましく安らぐものであったろう。生まれてすぐに母は亡くなり、父は婿養子に入ってしまった。小三郎の居場所は鯨にも本豊田にもなかった。彼はいかにも下町流のサバサバした気性の人たちと暮らすことになって、これからもずっと東京で生きていくと得心《とくしん》したことだろう。居場所のなかった小三郎は、こうしてやっと自分の帰るべき場所を手に入れたのであった。

小三郎は荷車を引いて空き樽を集めて回りながら、東京の様々な姿を目にしたことであろう。日本橋の隣、京橋区といえば銀座。洋服屋や洋食屋などハイカラな店が建ち並び、三井《みつい》の越後屋呉服店《えちごやごふく》はデパートメントストアー三越《みつこし》呉服店に生まれ変わった（一九〇四〔明治三七〕年）。

カフェプランタン、カフェライオン、カフェパウリスタといった、ビールや酒が飲めて白エプロンの女給が酌《しやく》をする店も評判になっている（一九一一〔明治四四〕年）。神田区は日本橋に近い地域は生活も気風も似かよっているが、小川町《おがわまち》から駿河台下《するがだいした》、神保町《じんぼうちよう》あたりまで行くと、大小の学校と学生相手の食堂や古本屋ばかりが目立つ。

宮城《きゆうじよう》を擁《よう》する麹町《こうじまち》区には、大臣官邸、貴族院、衆議院をはじめ、内務省、大蔵省、農商務省などの官庁と、お役人たちの瀟洒《しようしや》な屋敷がたくさんあった。日本橋から少し遠くの芝区、麻布《あざぶ》区、赤坂区あたりまで行くと、陸軍の施設や皇族の邸宅が広大な敷地を占めており、高い塀の中をうかがい知ることはできない。

両国橋や清洲橋《きよすばし》を渡って本所《ほんじよ》区や深川区に足を踏み入れれば、今度は狭くて薄暗い長屋に職人や職工、日雇いの労働者たちがたくさん暮らしていた。この「川向こう」の人々は、貧しいけれども気持ちがあたたかく、がさつではあるが人がよかった。

また、街の片隅には「貧民窟《ひんみんくつ》」と呼ばれているようなところがいくつもあった。ふるさとをあとに東京へ出てきたのはいいが、安定した職につけなかった人々がその日その日を暮らしていた。彼らは、「戸は傾《かたぶ》き檐《のき》（屋根のひさし）は垂《た》れ、雨に朽《く》ち落ちたる壁の骨顕《あら》わなるを蓆《むしろ》にて蔽《おお》いたるもあり……雨ふらば水洩《も》り、風吹かば板飛ばんと思うばかりなり。長屋と長屋と相向《あいむ》かうの間も狭ければ、日光の透《とお》ることも少なく常に陰湿の気を帯びて物ぐらき心地せり」

(『明治東京下層生活誌』)、というような裏長屋に住み、屑拾《くずひろ》い、人相見《にんそうみ》、らおのすげかえ、下駄の歯入れ、蛙《かわず》取り、井戸掘り、傘《からかさ》直し、襤褸《ぼろ》撰《よ》り、越後獅子《えちごじし》、辻講釈《つじこうしゃく》、飴《あめ》売り、按摩《あんま》、祭文語《さいもんがた》り、マッチの箱貼《はこはり》などをなりわいとしながら暮らしていた(『下層社会探訪集』)。

貧民街の住人たちは、たとえそれがどんな仕事であろうとも、必死に働いて東京で暮らしていくしか途はなかった。一度都会に出てきてしまった者たちには、帰る所はどこにもないのだ。

小三郎は東京という街の華やかな表の顔も、窮民《きゅうみん》群れる裏の顔も見たことであろう。そして、狭い村の中にいたのでは分からないような、思いがけない出来事にも遭遇《そうぐう》したであろう。

一九〇五(明治三八)年に日露戦争が終わった時、勝利したにもかかわらず一銭の賠償金も得られないと知った政治家や右翼壮士《そうし》たちが、日比谷公園で講和反対の国民大会を開いた。公園には数万人の人々が押しかけ、一部は怒りにまかせて暴徒化した(日比谷《ひびや》焼打ち事件)。騒ぎは京橋、日本橋、神田、浅草などにも広がって、東京全市に戒厳令《かいげんれい》が布《し》かれるという事態にまで至った。

一九一〇(明治四三)年には、明治天皇の暗殺を企《くわだ》てたとして社会主義者数百人が検挙され、一二人が死刑になるという事件が起きた(大逆《たいぎゃく》事件)。街中にこのニュースが伝わると、誰もが暗い顔で「困ったことだ」とささやきあった。天皇を日本国を支える慈悲深い父親のごとくに感じている庶民には、理解しがたい空恐《そらおそ》ろしいばかりの事件であった。

その天皇は六一歳でこの世を去り、大正が明けるとすぐに第一次世界大戦（一九一四〔大正三〕～一九一八〔大正七〕年）が始まった。遠いヨーロッパの国々の戦争によって、日本の景気が良くなったり悪くなったりした。日本橋もそのたびにあおりを受けた。町全体が浮かれたように活況を呈したかと思えば（大戦景気＝一九一五〔大正四〕年）、株価や生糸、米、肥料などの市況が暴落して（戦後不況＝一九二〇〔大正九〕年）、重苦しい空気に包まれたこともあった。一時はたくさんの成金《なりきん》が肩で風を切るように日本橋を歩いていたのに、あっという間にいくつもの会社が倒産して、町から姿を消していった。

小三郎が日本の中心をどこと考えていたかは分からないが、日本橋にいれば、世の中の動きも世界の動きも、敏感に感じ取ることができたに違いない。

「デモクラシー」というものが流行《はや》り始めた時にも、時流に聡《さと》い商人たちは、すぐにも世間話の話題としたことだろう。「デモクラシー」は大正期に入って「時代の趨勢《すうせい》」「風潮」とさえ言われるようになり、連日のように新聞雑誌をにぎわせていた。

♪　近ごろはやりのデモクラシー
　近ごろはやりのデモクラシー
　高い教壇で反《そ》りかえり　口角泡《こうかくあわ》をふきとばす

それが学者の飯《めし》の種《たね》
ナンダイ飯の種　デモクラシー

（『明治大正諷刺漫画と世相風俗年表』）

こんな戯《ざ》れ歌で世相を揶揄《やゆ》する者も現れ、「デモクラシー」を知らない人はいないほどのご時世になった。差別や貧困、不自由や不平等のない社会を実現するために、普通選挙を求める運動や、労働者の権利を守ろうとする活動が活発になっている。各地で開かれる集会やデモには、いつも大勢の人が集まる。

しかし、小三郎には遠い話だった。自分の暮らしに関わるものとはとうてい思えなかったであろう。彼には彼の生きている世界があった。日本橋という商人の世界、これが小三郎の全《すべ》てである。

鯨から東京へ出てきた一五歳の頃には、村から外へ出たこともなく、世間のことは何も分からなかった。そのうちに、東京にはよい人もいるが、人のつき合い方があっさりしていて、困っていても赤の他人をそうたやすくは助けてくれない、と知った。生き馬の目を抜くような東京という町では、自分がしっかりしていなければ、どこまでも落ちてしまうのだ。小僧のうちは修業も苦労続きだった。しかしここで生きていくと決めた以上は、どんなに辛い仕事も我慢して耐えねばならない。そして、それができる者にだけ「暖簾分け《のれんわ》」という未来が保証された。気働き、愛想《あいそ》よさ、如才《じょさい》なさ、損得勘定、蓄銭、蓄財といった商才に磨きをかけ、努力の末に独立すれば、押しも押されもしない店の主だ。日本橋という町はたくさんの奉公人たちにとって、体ひとつを元手に夢や希望をかなえる、小さな完結した宇宙なのだった。

小三郎は久保ゲンと結婚してからきっぱりとまじめになり、地道な生活を送るようになった。樽屋では番頭に出世して、新しい樽の買い付けなども任《まか》されている。小三郎の人生は順調に進んでいる。いろいろなことがうまくいっている。ただ唯一の気がかりといえば、ゲンになかなか子どもが授《さず》からないことだった。

一九二三（大正一二）年九月一日、大地震が関東地方を襲う。東京は大きな被害を受け、特に日本橋区、京橋区、浅草区、本所区、深川区の惨害はひどいものであった。小三郎がどれほどの被害をこうむったのか詳しいことは分からないが、久保の両親と小三郎夫婦がともども足利の親戚のもとへ身を寄せたというから、被害は軽くはなかったのであろう。

本豊田にいて罹災《りさい》の報を受けた勘助は、息子の身を案じた。足利へ疎開《そかい》したと知らせが来ると、本豊田からいったいどのように行ったものか、五、六〇キロ先の仮住まいまで布団をかついで届けたという。この時勘助は六一歳、「コウ、コウ」と呼んで可愛がった小三郎は四〇歳である。

震災後、東京はみるみる間に復興を遂げていった。狭くて不規則であった道路は区画整理によって整備され（昭和通り、靖国通りなど）、広い公園も各地に新設された（隅田《すみだ》公園、浜町《はまちょう》公園、錦糸《きんし》公園など）。学校や病院、住宅なども改築されて、街の風景は大きく変わった。

伝統ある日本橋にも豪壮な新建築やビルが立ち並び、舗装道路にはたくさんの自動車が行き交うようになった。蛎殻町《かきがらちょう》の水天宮《すいてんぐう》は、コンクリート建て銅葺白木造りのモダンなお宮さんに生まれ変わった。魚河岸も築地《つきじ》に移転していった。東京に残されていた江戸の名残《なごり》はすっかり失《う》せてしまい、人の流れも気持ちも忙《せわ》しなくなった。サラリーマン、月給取りと呼ばれる人々が増えて、銀座や日本橋あたりを洋服帽子姿で闊歩《かっぽ》するようになったのも、ちょうどその頃からである。

だが街は一変しても、小三郎の住んでいる、体で仕事を覚え、自分の努力と才覚だけをたよりに生きていく商人の世界はまだまだ健在であったから、震災に被災したとはいえ、小三郎の前途に翳《かげ》りはない。

小三郎は震災を期に独立することにした。一九二四（大正一三）年から一九二五（大正一四）年のことである。樽屋には一〇年勤続するごとに金杯をひとつずつ与えるというしきたりがあったが、小三郎は「杯《さかずき》が三つ重ねになる少し前にやめた」とよく言った。

そして、久保の両親とも分かれて暮らすようになる。ゲンといろいろ相談した末に、養女を迎えることにしたのである。その子どもは二歳になる女の子で、せ以（以下せい子）といった。小三郎にとっては義理の弟である亀蔵の三女である。

子どものいる生活——それはきっと、自分の家族や家庭を作ろうとする男の、切ない願いであったのだろう。

こうして小三郎は震災後心機一転、浅草区吉野町《よしのちょう》での生活をスタートさせた。

八　亀蔵とうめ

勘助がはるのもとに入婿《いりむこ》として来た時、亀蔵はちょうど二歳になったばかりであった。父親の春吉は、亀蔵が生まれて五ヵ月になったとき病死した。だから亀蔵は実の父親の顔を知らない。勘助が義理の父であることは、少し大きくなってから知った。

亀蔵が三歳近くになった頃、弟彦一郎が生まれる（七歳で死亡）。それから後も、八歳の時には福雄、一〇歳の時にはまつ、一五歳の時には光男が生まれ、亀蔵は四人兄弟になった。

村では妻（婿養子の場合は夫）が亡くなると、適当な相手を捜して再婚するのが普通だった。欠けた労働力を結婚という形で補わねば、田畑を守ることも飯炊きをすることも難渋してしまう。異母兄弟、異父兄弟が同じ屋根の下で大きくなるのは、少しも珍しいことではない。人々にとっては家を絶やさないこと、労働力を減じさせないことがなにより大切なことであったから、多少複雑な家族関係が生じたとしても、どうということもなかった。

勘助もはるも、四人の子どもを分け隔てなく育てた。しかし亀蔵には、ぐれて大酒を飲んで荒れた時期があったという。それがいつ頃のことなのか、はっきりしたことは分からないが、勘助に瓦屋を継げと言われて本式に修業を始めた、一六、七の頃でもあったのだろう。その鬱《うつ》屈《くつ》した気分はしばらく続き、実父春吉の生まれた村から春吉と同じ塚越《つかごし》姓のむめ（読み方としてはんめ、以下うめと記述）を嫁にして、ようやく落ち着いたのだという。

勘助が亀蔵に仕事を覚えさせようと考えたのは、瓦屋が日に日に忙しくなり、人手が必要になってきたからである。瓦屋というのは一人でできる仕事ではないから、何人もの職人が働いてはいた。しかし彼らは腕一本を頼りに各地の瓦屋を渡り歩いており、給金や待遇などで気に入らないことがあれば、いつ出ていってしまうか分からなかった。『隅田川・江戸川流域のやきもの』の中の「葛飾《かつしか》の瓦製造業4 青戸《あおと》の瓦製造業」の報告には、次のような記述がある。

職人の手間は一日米三合、若い衆は住込みで働いた。腕のいい職人はよその窯《かま》から引き抜かれることがあったが、職人の中には方々《ほうぼう》を渡り歩く人もいて、西行《さいぎょう》と呼ばれていた。渡り職人が来ると、生国《しょうごく》、姓名を名乗って仁義《じんぎ》を切ったあと、どの程度の腕か仕事をして見せる。たとえ雇わない場合でも、それが夕方だったら「一宿一飯《いっしゅくいっぱん》」させて、次の朝は路銀《ろぎん》を持たせるのが瓦屋の慣例になっていた

また、『村史 千代川村生活史』の地誌編「鯨《くじら》」には、「作業は家族だけではなく、多くの渡り職人によっても行われた。彼らは昼間乾燥させている瓦を夕方にしまう作業を手伝い、その家に一泊泊めてもらう。こうした渡り職人は、春になると福島から東北地方へと移動していき、秋には逆に南下して来た」とある。

風呂敷包み一つばかりの手荷物を抱え、作業場の片隅を寝所として働く職人たちの気風は、

稼いだ金は酒や博奕《ばくち》ですぐに使い果たしてしまう、流れ者の渡世人《とせいにん》に近いものであった。

冬場、畑地を掘り下げて水田に変えた農民が、不用になった粘土質の土を馬車で引いたりかついで来たりすると、はるはそれを安い値段で買い取った。山積みされた粘土は、たたら盛りの職人が削《けず》り鍬《ぐわ》で細かく刻《きざ》み、湿り気を与えてから草鞋《わらじ》ばきで踏んでこねた。そして、その粘土をひとかたまりずつ積み重ねて巨大な羊羹《ようかん》のような土の塊《かたまり》に成形し、そのあと針金を水平にすべらせ、薄い板のように何枚にも切り分けた。更に針金を垂直に下ろせば、瓦一枚分の大きさの粘土板（アラジ・荒地）がたくさんできる。職人たちが作り出すアラジは、簡単な道具しか使わなくとも寸分《すんぶん》と違《たが》わず、彼らはそれを各地での見聞を軽口《かるくち》まじりに交わしながら、次から次へと仕上げていった。

亀蔵が勘助から命じられたのは、陰干ししたアラジを瓦の形のように湾曲《わんきょく》した木型にのせて、余分な粘土を落とし、コテで何度も叩き、ヘラで表面をなでつけ磨くことだった。簡単そうな作業だが、コテの微妙な力加減で出来上がりの良し悪しが決まる。二人は黙々とアラジを叩き、表面を磨き、広い庭は天日干しする瓦でいつもいっぱいになった。急な雨が降れば、誰も彼もが大騒ぎをしながら取り込み（濡れるとドロドロになってしまう）、冬には生乾きの瓦を凍らせないために、塩が入っていた叺《かます》（藁筵《わらむしろ》の袋）を開き、それで瓦の上をおおった。

窯に入るだけの瓦が乾きあがると（シラジ、七〇〇～一〇〇〇枚位）、庭の東側に設《しつら》えてあるダルマ窯に順よく縦に並べて五段に積む。そして、窯の口を粘土で封じて、左右の焚《た》き口に押し込んである松葉に火をつける。火力の強い松葉は瓦屋稼業には欠かせないもので、小貝川の向こう（現つくば市）の山から枝打ちした松を束《つか》ねて（ソダ）、一把《わ》いくら一山いくらで買いつけてきた。そのソダを馬持ちの農夫が荷車に積んで運んでくれれば、みんな総出で「一把、二把、三把……」と数えながら荷台から下ろした。

いつでもはるが一把につきいくらという勘定で手間賃を渡し、農夫が二、三把のソダをこっそり隠し帰るぐらいのことは、知っていても見逃した。そして帰りがけには、「ほれ馬車屋、夜道は暗かろ」と提灯《ちょうちん》を持たせるような情《なさ》けをかけたものだという（稲葉光男の妻こめ談）。

窯はソダを放り込みながら夜通し焚き続ける。窯止めの頃合いは、「それは全くの勘だから、「ヒイロどうだい？」と聞いて何人もで判断し、いいだろうとなった時」で、「松葉一束でも多く燃やせば焼きすぎということがあるし、一束少ないことによって焼き足りないことになる。焼き過ぎると、軽石のようになってしまって、水に浮いてしまう。これは、俗に「瓦焼かずに窯焼いた」ということになって丸損になってしまうから、窯焚きはいつでも大変だった（『隅田川・江戸川流域のやきもの』）。鯨では、瓦屋は「火の止め際は親の死に目にあえない」と言われていたという（『村史 千代川村生活史』）。

火を止めてからは、一日かけてゆっくりと冷まさねばならない。その時ころあいを見計らってサツマイモをいっぱい放り込むと、窯出しの時にはほくほくの焼きイモになって働く者たちを喜ばせた。イモといっしょに太い枝なども投げ入れておくとよい炭になった。粉炭は穴の中にためておいて、近所の人たちが買いに来ると安く売る。養蚕を手がける農家では、季節によって冷え込みの厳しい時、蚕室を暖めるために粉炭で作る練炭《れんたん》が必需品だったのでよく売れた。

瓦はどんなに注意深く窯焚きをしても、一様には仕上がらなかった。色艶・形ともに上等なものから、ねじれや色ムラ・キズのある二級品まで三つの等級に選《よ》り分けて、上等品は地元用に使った。地元で粗悪な瓦を使えば、たちまち評判を落として商売に差し支えるからである。下等品は東京の瓦問屋行きである。重くて毀《こわ》れやすい瓦は荷車や馬車で水海道の河岸まで運ばれ、鬼怒川を船に揺られて東京まで行った。東京下町の長屋の瓦は、こんなもので十分だったのだろう。

亀蔵が本式に仕事をするようになった明治の終わりから大正の中頃というのは、ちょうど日露戦争から第一次世界大戦の頃にあたり、日本の経済は世界情勢に影響されて多少の打撃は受けつつも、全体としては飛躍的な成長を遂げていた。都市部には会社や工場が次々とでき、人が集まり、家が増えた。稲葉瓦店の瓦は、焼いても焼いても売れ残ることがなかった。

そのうちに亀蔵は瓦葺《かわらふ》きもやるようになった。瓦作りから瓦葺きに転じるのはめずらしいことではない。勘助は、自分が焼いた瓦を義理とはいえ息子が葺いて人様の屋根を飾ることになったのだから、さぞうれしかったことであろう。

とにかく、昔の瓦てのは足でこねた土を天日に干して、乾かして、それを大して強くもねえ火で焼いたんだから、十枚が十枚、形が違えば強さも違う。狂ってるってゆえば、一枚一枚全部狂ってるともゆえるんだ。だから、十人十色みてえな瓦を適当に組み合わせてやる。そんで全体としちゃ狂いもこねえ、雨もしもらねえようにするのが瓦葺師の腕一つだったんだな

（『田舎町の肖像』）

このように思い出話をするのは、一九〇四（明治三七）年生まれの土浦の屋根葺き職人である。更にこうも言う。

ところがいくらちゃんとやっても、駄目な瓦で葺いた屋根はしもるもんだ。……梅雨時《つゆどき》なんど、五日も六日も雨が降ってな。心配してっと案の定《じょう》、旦那の方から「雨漏《あまも》りすんが、見に来てくれ」と呼び出しが来る。……そんで口ばかし「まいります」ってゆって、一日延ばしに延ばしてっと、降ったり照ったりしてる間に不思議と雨が漏んなくなる。これは何んにもしなくても漏らなくなるもんなんだ。瓦葺師はこうなる時期を待ってるんだ

な。こいつはどうゆう理由《わけ》でそうなるのかっつうと、いったん雨が漏って、しばらく瓦の裏面と土の間が湿っちまうと、だんだんとその間にぬるが生《は》えてくる。それがだんだんと全体に伸びて厚こくなるってゆうと、そいつが一種の膜みてえな役割をして、瓦のしもりを少なくする。また、しもっても下までは通さねえような役目を果たすんだな。そんだから瓦葺師は、このぬるが出来る時期を待ってるってえわけだ。悪い瓦を使って屋根を葺かなけりゃなんねえ時は、初めからそうなんのを見通して葺いてんだよ（前掲書）

亀蔵も同じ苦労を味わいながら、一人前の屋根葺き職人になっていったのであろう。しばらくの後には、腕を買われて東京や鎌倉あたりまでも仕事に行くようになり、亀蔵の世間は日増しに広がっていった。

亀蔵が塚越うめとの婚姻届を役場に出したのは一九二〇（大正九）年一一月二五日、二三歳の時であった。うめは二一歳。当時としては上背《うわぜい》のある体格のよい娘で、俵一俵（六〇キロ）をかつげるほどの体力があった。

五人兄弟の長女であるうめは、小さな時から家のために働き続けて大きくなった。六歳になった時（一九〇五〈明治三八〉年）には玉《たま》尋常小学校に入学したものの、満足に通うこともできずに過ぎてしまった。だから、難しい文字を書いたり読んだりすることはできない。親は、百姓仕事は理屈で覚えるものではなく体で覚えるものだから、学校よりも野良《のら》へ行けという考えであったし、うめの働きがなければ家の仕事が立ち行かなかったから仕方がなかった。近所の大きな農家に手間稼ぎに出された時にも、男たちに混じって負けずに働いた。親の言うことに逆《さか》らうことなど思いもよらない時代だ。見知らぬ相手との縁談話が持ち込まれた時にも、親の勧《すす》めに従った。

亀蔵もうめのことを知っていたわけではなかったが、実父春吉の生まれた村に働き者の娘がいると聞いた世話焼きが、仲を取り持って話がまとまったのである。嫁にしてから分かったことは、うめが噂通りによく働き、どんな時にも愚痴や不満を言うことがない、ということだった。無駄なことはあまり喋《しゃべ》らず、他の女たちが際限もなくとりとめのない話をしている時には、聞き役になって一歩引いていることが多かった。顔立ちは十人並み、多少頑固で愛想もないが、心根はあたたかく、亀蔵は自分の心が安らぐのを感じた。

勘助とはるの家に嫁入りしてきたうめの仕事は、天日干しするシラジを出したり入れたり、焼けた瓦を選別して縄で括《くく》ったり、職人や家族のための飯炊きをしたりと休む暇はなかった。そしてその間に、次々と子を産んで育てた。

一九二一（大正一〇）年　長女　しげゐ《い》（生後五日で死亡）

一九二二（大正一一）年　二女　しん
一九二三（大正一二）年　三女　せ以《い》（せい子）
一九二七（昭和二）年　長男　隆義《たかよし》
一九三〇（昭和五）年　四女　弘子（三歳で死亡）
一九三三（昭和八）年　二男　善助《ぜんすけ》
一九三五（昭和一〇）年　三男　皓治《こうじ》
一九四〇（昭和一五）年　五女　良子《よしこ》

はるはうめが来てからというもの、勘助の世話もうめにまかせ、仕事が増えるにしたがって込み入ってくる帳面や勘定の管理に余念がなかった。うめは亀蔵の女房だが、瓦屋の嫁になったのだから、命じられたことはなんでもやらなければならない。嫁というのは昔から、どこの家でもそういうものだ。うめははるに厳しいことは言われるが、はるが意地悪だったり、癇《かん》癪《しゃく》持ちだったりしないだけましだった。世間には、舅《しゅうと》姑《しゅうとめ》小姑《こじゅうと》たちの冷たい仕打ちに泣いている嫁はいくらでもいる。

嫁というのはその家にとってただで使える労働力であり、子どもを産む道具でもあるかのように扱われてきた。だから、病弱であったり子どもができなかったりする女に居場所はない。

朝から晩までいびられ続けて家から追い出され、勝手に離縁されたというような哀れな話はどこにでもころがっていた。なかには、嫁となった女の方からよくよくのことがあって婚家を出、実家に戻るというようなこともあったが、周囲が納得できるような理由がなければ、悪い評判が立つばかりだった。そして結局は、再び他の家の嫁となるしか途はなかったから、嫌なことや辛いことがあっても我慢するしかない。村の女たちが嫁になるということの外に、経済的に自立して生活していける方法など、全くないと言ってよかった。

亀蔵もはるも勘助も気持ちに裏表のない、さっぱりとした人たちではあったが、うめが自分の考えで重要なことを決めたり、口答えをしたりするようなことは絶対に許されなかった。だから、勘助が東京浅草にいる息子の小三郎に、三女のせい子を養女にやると言った時、うめは拒《こば》むことができなかった。手離したのは可愛い盛りの二歳だった。小三郎夫婦もしばらくはせい子を連れて遊びに来たが、せい子自身が養女であることに気付くのを恐れて、しだいに足も遠のいた。その後、せい子が小学校に入学した年の春、うめは小三郎に招かれて一度だけ浅草の家へ行った。松戸駅で乗り換えにまごつきながら、必死の思いで行ったのだという。うめはせい子に「いなかのおばさん」と呼ばれながら、上野の山や飛鳥山《あすかやま》で花見をした時のことを生涯忘れず「あの時の桜はきれいだった」と、いつまでも懐かしんだ。

勘助とはるの息子福雄も大きくなった。福雄は亀蔵より九歳下で、外回りをして注文を受けてくる、今で言えば営業のようなことが得意だった。快活な押しの強さで、次々と仕事を取ってきた。稲葉瓦店では勘助が瓦を焼き、はるが勘定を握り、福雄が仕事を請け、亀蔵が瓦を葺くようになった。暦の年号が大正から昭和へと変わった年、勘助六四歳、はる五八歳、亀蔵三〇歳、福雄二一歳、何もないなかから瓦屋を興《おこ》して、はや二七年の月日が流れていた。周りは「稲葉瓦屋ははるでもっている」と噂しあい、実際三人の男たちははるには頭が上がらなかった。

一九三二（昭和七）年、福雄が嫁を娶《めと》ることになり、亀蔵とうめは瓦屋から道を隔てた西側に家を建てて、分かれて暮らすことになった。

二人の家は、八畳の座敷が二つに狭い三和土《たたき》とかまどしかない小さな家だった。当時一〇歳だった二女のしんは、その頃のことをよく覚えている。畳は一間《ま》だけで、もう一間は板敷きに筵《むしろ》を広げて使った。壁はむきだしの荒壁《あらかべ》のままだった。ササダケを裂《さ》いて細くしたものを格子《こうし》に組み、刻んだ藁《わら》と泥土をまぜこねて、親戚みんなに手伝ってもらって塗りつけたのだ。屋根は杉皮葺き、天井なし。雨が降れば、杉皮の屋根はむくれて水がたれ落ちた。晴れた日は、朝日が屋根や壁のすき間から差し込んで目が覚めた。雪の日には、寝ている枕元にまで粉雪が吹き込んだ。全《まった》く安普請《やすぶしん》の家だった。

けれどもうめは、かまどが別になったというだけで十分うれしかった。農村で「家」といえば、「家長夫婦を中心として、たくさんの親族たちが同じ屋根の下で暮らし、ともに働き同じ釜の飯を食う生活共同体」だから、そこには現代のような、親子で作る「家庭」といったものは存在していなかった。亀蔵夫婦が道を隔てて新宅を構えたからといって、独立した二人の家庭というようなものではなかったが、うめははるに気兼ねをせずに夫と子どもたちのために煮炊きができるようになって、気が楽になったのは確かだろう。嫁たちは朝夕の食膳にも気を遣い、「あとから食べ始まって先に済ませること」や、嫁入り先では「三杯はつけられない」（『いばらき女性のあゆみ』）のが普通だったので、空腹の日が多かったという時代なのだから。かまどが思い通りに使えるということは、女にとっては小さな自由を手に入れたと同じなのだった。

うめは空いた時間は近所に田と畑を借り受けて、小作に精出すことにした。亀蔵の給金だけでは、次々と生まれる子どもたちを食べさせていくことができないからだ。田は三反歩《たんぶ》、畑は二反五畝《せ》、これを女の腕一本で守り、食い扶持《ぶち》を賄《まかな》うことが彼女の務めとなった（一反＝三〇〇坪＝約一〇アール＝約一〇〇〇平方メートル　一畝＝一反の一〇分の一）。それはうめにとっては決して楽なことではなかっただろう。しかし一方で、野良で働くことこそ自分の本当の仕事だ、と感じたのではないか、とも思う。

一人で黙々と大地に向かい、その働きが作物を実らせ家族の腹を満たすという事実は、彼女の心に落ちつきを与えたであろう。自分の働きが家族にとって不可欠であるという実感や、自分の居場所が見つかったというような安心は、苦労よりも悦《よろこ》びであったろう。そして、瓦屋で他人《ひと》に指図を受けながら気を遣って下働きしているより、野良で無心に働いている方が、たとえ体は疲れたとしても、気は晴れたことだろう。

うめは毎日大きなかごに鎌や鍬を入れ、それを背負《しょ》って野良へ行った。南北に細長い本豊田は、東は小貝川に接し、西は集落の際まで水田が迫っているために畑地はほとんどなく、村人は小貝川の土手を越えて河原を畑に変えたり、遠方の土地を借りたりしていた。うめが借りた二反五畝の畑も、家から八幡神社と竜心寺の裏を抜け、小貝川の土手に出てから南へ一キロほど下ったあたりにあった。

頭は姉さんかぶり、紺色の股引《ももひ》きに絣《かすり》の野良じゅばん、時によって手さしをつけるというのがいつものいで立ちである。行き帰りには藁草履《わらぞうり》を履くが、畑ではいつも裸足で仕事をする。田んぼは家から割合と近いところに借りられた。

仕事は一年中途切れがなかった。米を作り、麦を作り、野菜は量は多くはないが、どんなものでも作付けした。ニンジン・ダイコン・ジャガイモ・サツマイモ・サトイモ・ヤマイモ・ニラ・ゴボウ・ナス・キュウリ・マクワウリ・トウモロコシ・カボチャ・ネギ・タマネギ・インゲン・大豆・小豆・ササゲ・葉ショウガ・ラッキョウ・トウガラシ・ハクサイ・ソバ、それにナタネとゴマも油を絞るためには欠かせない。苗を作ったり、肥料を入れたりしながら、どんなにわずかな土地でも遊ばせておくということがなかった。

うめの親たちの時代と比べれば、行商人から魚・茶・豆腐・こんにゃく・青のり・薬などを買うことも多くなり、子どもたちが小学校へ通えば、授業料はいらないとはいえ何かと金もかかる。亀蔵がもらってくる給金はそんなことで消えてしまい、うめが米麦野菜作りをしくじるわけにはいかなかった。

一年のうちでうめの仕事がひときわ忙しくなるのは、春から初夏にかけての頃だった。田植え前に畑の麦刈りを済ませてしまわなければならないからだ。草刈り鎌で刈った麦は、畑で二、三日干してから脱穀する。そして、家の前庭に筵を広げて乾かしながら、フルジボー（ふる打ち棒）で打つ。「ホイサー、ホイサー」とかけ声をかけながら打ちつけているうちに長いノゲが取れ、篩《ふるい》や唐箕《とうみ》にかけて乾燥が完了するまでには炎天の夏になっている。

麦刈りが終わった後の田植えは、夏至《げし》の頃から半夏生《はんげしょう》（夏至から一一日目、旧暦五月中旬〜六月上旬頃、新暦六月二〇日頃〜七月二日頃）までの短い期間に集中した。朝は朝星、夜《よ》は夜星のごとくに働いて、なお人手が足りなければ近所が手伝い、あっという間に田んぼには稲苗《いななえ》が行儀よく並んで風に揺れた。

田の草が伸びれば三番草まで取る。一番草の頃には稲の丈も小さいが、真夏の二番草は稲の葉先が顔に当たり、目を突きそうで辛い。暑さを除けるために背中には葉の繁った木の枝をくくりつけ、両手で株の周りをかき回す。取った草は泥土の中に押し込むから、手の爪はなくなるほどで、ヒルやアブに刺されるのもいつものことだ。四方八方見渡す限りの水田の中では、稲の葉のすれ合う音しか聞こえない。痛くなった腰を伸ばして一息つけば、他に田の草取りをしている人々は、遠くに背中が見え隠れするばかりである。三反歩の田んぼを相手に、うめは黙々と手を動かす。胸の内では「仕事にのまれちゃなんねぇ」（大変だと思う気持ちに負けてはいけない）と自分に言い聞かせている。

秋にもまた稲刈りと麦蒔《ま》きの時期が重なり、朝から晩まで野良にいた。稲は稲架《はさ》に架けて乾燥させ、千歯《せんば》こきで脱穀したあと一二月上旬までには玄米にして俵に詰める。そして八幡神社の西隣にある組合倉庫まで運んで等級検査を受け、ここで小作米分を納めた残りが亀蔵一家の一年分の糧《かて》となるのである。うめ一人では一反歩から五俵ぐらいしか穫れなかったから、半分を納めて七、八俵が手元に残る勘定だった。地租改正以来、地主は地租を金納するようになっているが、小作人が小作料を米で納めるのは昔のままだ。取り分は五分と五分というのが一般的で、「年貢《ねんぐ》」という言葉もまだ生きている。

いつもは夕暮れ前には畑の仕事を切り上げて家路につく。子どもたちが腹をすかせて待っている。かまどの火をおこして、急いで米麦半々の飯を炊く。料理は上手なので手早く煮付けなどを作り、こうこ（漬け物）とおみおつけ（味噌汁）がそろえば、めいめいに自分で盛りつけて夕餉《ゆうげ》となる。

子どもたちは祭り（テンノサマ、旧暦六月一五日〜一六日）や節句（旧暦三月三日、五月五日）、さなぶり（田植えが終わった後の祝い）などの季節の折々にうめが作る草餅《くさもち》、茶まんじゅう、砂糖まぶしの大豆の炒《い》り豆、干した納豆豆などが大好きだった。よその家のをよばれたこともあるが、うめの作ったものが一番うまいと思う。

亀蔵は近隣の町場や東京あたりまで瓦葺きに行って旨《うま》いものを食べて来るから、すっかり口が肥えてしまった。夜、晩酌《ばんしゃく》をしながら飯の菜《さい》が一品だけだと「ハシヤスメ（箸休め、つまみもの）がなければだめだ」などと言う。亀蔵は職人仲間と酒盛りをする時には、得意の民謡を歌ってさえいれば機嫌がよいのだが、食べるものにはちょっとうるさい。ある時、亀蔵が「東京じゃ肉の天ぷらにこれをかけて食べるんだ」と言って、ソースというものを買ってきた。そして、不思議な香りのその茶色いものを、何にでもかけておいしそうに食べている。けれど、うめにも子どもたちにも「肉の天ぷら（トンカツ）」というものがどういうものなのか、想像がつかない。

このところ亀蔵は着るものもハイカラ好みになり、職人たちの仕事着である紺の股引《ももひき》や藁草履《わらぞうり》などは身につけない。どこかで買ってきたひざまでのニッカーボッカーズボンに、ぴっちりした丈長《たけなが》の地下足袋《じかたび》と鳥打ち帽《とりうちぼう》というスタイルがお気に入りだ。東京あたりで見かけて、格好よく思えたのだろう。

子どもたちの着るものは、うめが木綿《もめん》の反物《たんもの》を買ってきて暇をみて縫う。毎年毎年大きくなる子どもたちの浴衣《ゆかた》を仕立てる頃は、朝から晩まで仕事に追われているから、昼飯やこじはん（おやつ）の時、部屋に上がりもせずに縁側に腰掛けたままチャッチャッと針を動かす。

姑《しゅうとめ》のはるは自分で綿糸を織って家族に着せたものだというが、このごろは手頃な値段で反物が買えるようになって、女たちがどれだけ楽になったか知れない。高価な絹物は買うことができないので、養蚕の時にできる玉繭《たままゆ》（くず繭）から糸を引いて、手が空いたときに少しずつ織った。織り上げた布はよそゆきやチョイチョイ着に仕立て、幾度も染め返しては何十年も大切に着た。

他にも合間を見計らって縄を綯《な》い、筵や俵を編み、シャクシナ・ダイコン・ハクサイ・キュウリなどを漬け、味噌を作り、うどん・そばを打ち、七味や納豆や切り干しを作り、薬草を摘み、堀で魚を獲ったりしていれば、一日はあっという間に終わった。

野良の仕事は忙しい時ばかりでなく、割合とゆっくりした時や、村の農休みのために仕事をしてはいけないという日もある。けれども女たちには掃除・洗濯・飯炊きと家の中での仕事もあったから、体を休める暇もなく、くるくると働き続けて一年は過ぎるのだった。

亀蔵のところに嫁に来てから一五年も経てば、うめももう新参者《しんざんもの》ではなくなり、じゅうしちやっこ（十七夜講）にも顔を出せるようになった。毎月一七日の夜、三〇代から五〇代の主婦たちが宿となった家に集まり、飯やけんちん汁などを食べながらおしゃべりをして、日頃の憂《う》さ晴らしをするのだ。宿の家の床《とこ》の間《ま》には観音様《かんのんさま》の掛軸などを掛けはするが、たわいもない話をして笑っているうちに夜がふける。

陽気でおしゃべりな女、無口な女、負けず嫌いな女、みな新宿《アラシク》に嫁に来た女たちである。気性はいろいろでも嫁としての苦労は誰も同じだから、気持ちは通じ合う。彼女たちのおしゃべりはいつもあけっぴろげで、家の内情を隠し立てすることは不可能である。誰の家のどこに何があるかから、姻戚関係、財産の程度、亭主の働きぶりまでなんでも知っている。男女のことなどもあけすけにおもしろおかしく語られて、場は大いに盛り上がる。女たちは冗談まじりの猥談《わいだん》はもとより、よその集落の込み入った不倫騒動まで、この手の話が大好きだ。この時ばかりは嫁たちも、男をやり玉にあげて溜飲《りゅういん》を下げる。女たちはどこの村でもこうして助け合い、噂をし合い、時には諍《いさか》いながらつながっている。

こういう時、うめは聞き役になっていることが多い。人を笑わせるようなおしゃべりはあまり得意でないし、ぐずぐずと泣きごとを言ったり、陰口をたたいたりすることにも抵抗がある。意気地のないことを言うのは情けないことだし、口ばかり達者で働きが悪いのも半人前だと思っている。彼女は自分で自覚していたわけではなかったが、土と共に生きてきた農民としての美質――質素・勤勉・忍耐・根気・朴訥《ぼくとつ》といったもの――を備え、村で生きていくための知恵、――何事も出過ぎたことをしてはいけない、誰とでもうまくやらねばならない――をよく心得ていた。それが今日も明日もあさっても、同じ場所で同じ顔ぶれで平穏に暮らすための知恵なのである。このごろではうめの朴直な人柄が好まれて、開け放したままの家に誰彼となく人が顔を出し、どうということもない世間話をして帰るようになった。

これが関東の一農村で暮らす農婦、稲葉うめの日常である。彼女はこうした世界の中で生きている。

うめには、この本豊田新宿の生活が全てだった。原の家に里帰りしたり、石下の町場へ行ったりすることもあるが、帰ってくるところは新宿である。亀蔵のように遠くへ出かけることもなく、暑かろうと寒かろうと野良に出て土と向き合い、汗水たらして作った野菜を家族に食べさせる。そして、正月、年越し（節分）、初午《はつうま》、金村雷神祭《かなむららいじんまつり》、節句、祇園《ぎおん》祭、盆といった年中行事に追われているうちに、子どもたちは大きくなる。

彼女は自分の周りの人々と気持ちを通じ合わせながら生活しており、自分に何が求められているのかをよく理解していた。それは一生懸命ただひたすらに働く、ということである。そのことは彼女にとって全く疑う余地のない自然なことであって、「生きていく」ことそのものであった。

昔から多くの農民たちにとって「生きていく」ということは、それほど込み入ったことではなかった。人は生まれ、やがて伴侶《はんりょ》を得て子をもうけ、子は育ち、親は働き続けてそのうちに老いて死ぬ。「現在《いま》」というのはそうした自然の流れの途中であり、生きている間は家族のために、「家」のために働いてこそ、人としての道にかなうのである。

明治の初め頃に生まれた両親に育てられたうめが持っていた道理は、そういったものであったろう。そして本豊田新宿で子どもを産み、働き暮らし、周囲の人々と関わり合いながら、自分の目で見たことや体験したことを、唯一の価値判断の基準として生きてきた。それは、狭い地域で季節とともに毎年同じことを繰り返しながら、単調にも見える生活を送っているにもかかわらず、非常に確かで安心できる心地を彼女に与えた。そして、文字には暗く、限られた経験と限られた人間関係しか持っていないというのに、自らの全知全能を働かせ、粗野《そや》ではあるが人間としての懐《ふところ》の深い、一本芯《しん》の通った女に育てあげた。そのために彼女の精神は、さまざまな事件が降りかかったり、全く未経験の情報が大量に押し寄せる時代に遭遇したりしても、決して振り回されることがなかった。

うめには、本豊田新宿が世界の中心であったのだ。

うめや村の女たちの毎日の仕事は、体にきついことばかりだった。嫁として辛抱しなければならないことも多く、買いたいものがあっても、家計は亭主や舅姑が握っていて自由にはならなかった。しかし、彼女らはこうした暮らしを「不幸」であるとか、「惨《みじ》め」であるとか、あるいは「貧乏」であると考えて否定的に見ることは少なかったであろう。

なぜならば、農村で生まれた女たちが生きていくためには、農家の嫁になることは当たり前のことであり、両親や祖父母たちから聞かされた、何もかも厳しかった時代に比べれば、今はずい分楽になって、米麦半々の飯でも三度三度食べることができる。たとえ現金が少なくても、村の中ではモノや労働力を上手に交換しあって暮らしていけるから、「貧乏」とばかりも言えない。「貧乏」というのは人と比べたり、過去と比べたりして感じるものだからだ。そして人は誰でも、自分自身やその仕事に対して静かなプライドを内に秘めているから、自分が百姓であり嫁であるということを、おとしめて考えるようなこともなかったのである。

日本の農山漁村には、こうした女たちがたくさんいた。目に見える尺度ではとうてい測れない彼女らの精神の強靭《きょうじん》さは、声高《こわだか》に何かを主張することはなかったが、打ちひしがれて負けるということもなかった。うめは現在の生活に対する不満や心配は抱えていたとしても、疑いや迷いなどなく、与えられた環境の中で精一杯働き、ただありのままに生きていたに違いない。

亀蔵が瓦屋で働き始めた明治の終わり頃から、うめと結婚して四人の子どもに囲まれた現在(一九三五〔昭和一〇〕年)に至る二〇余年の間に、石下や水海道・宗道は大きく様変わりしていた。

一九一三（大正二）年に取手・下館間に常総鉄道が開通すると、それにともなって石下・水海道・宗道にも停車所が開設された。鉄道は一九二八（昭和三）年まで蒸気機関車であったため、開業当時は火の粉が火事を起こすと不安がられ、また、停車所がそれまでの町場の中心から少し離れていたこともあって、先行きをあやぶむ者が多かった。けれども蓋《ふた》をあけてみれば三駅とも旅客数や貨物量を順調に伸ばし、人々は船運よりも鉄道の速さ、便利さ、快適さの方に軍配を挙げたのだった。そして、鬼怒川の河岸はあっという間に凋落《ちょうらく》していった。

一九二〇（大正九）年には、鬼怒川の西と東を結んでいた古くからの渡し船も廃止されて、石下橋（木橋）が架けられた。その近くにある秋葉商店（機屋）では、以前は奉公に出された娘たちが一人ひとり手で機織りしていたのに、今では工場に動力織機《しょっき》が導入されて大量生産の時代に入っている。また、トテ馬車に代わって石下駅前にタクシー業が開業された（一九二四（大正一三）年）。新石下には薬局や写真館も開店した（一九二五（大正一四）年）。新しい事業が始まった陰で、時代に遅れた仕事がひっそりと姿を消していった。

この時期は、第一次世界大戦（一九一四年〜一九一八年）、大戦景気（一九一五年）、米価暴騰《べいかぼう》《とう》・米騒動《こめそうどう》（一九一八年）、戦後恐慌《きょうこう》（一九二〇年）、金融恐慌（一九二七年）、世界恐慌（一九二九年）、昭和恐慌（一九三〇年）といった経済の大きな動きが立て続けに起こり、産業界にとっても農村にとっても厳しい時代であった。特に世界恐慌のあおりで発生した昭和恐慌の時には、米や繭をはじめとする農産物価格が暴落して、農家の経済を直撃した。

　瓦屋も景気に左右されはしたが、もともとが大きな儲けのある商売ではなかった。どんなに注意深く焼いても不良品は出るし、遠方まで運搬する手間もばかにならない。その上、瓦の相場は正月と夏場は安く、秋から暮れにかけては倍近くに上がるという変動があって、売り上げは一定しなかった。暴風雨、地震、大火事といった人の望まぬ災害時に思いがけない入りを得ることもあるが、なかなか暮らしは楽にはならない。

　一九三五（昭和一〇）年、勘助は七三歳。毎日仕事場に出て働き続けている。毎朝筑波山に向かって手を合わせてから一日が始まることも、仕事のあとの酒だけが楽しみであることも変わりがない。はるは六七歳。瓦屋の経理は福雄に、家の仕事は嫁のヨシに渡して孫の子守や畑仕事などをしている。表からは退いたが、今でも手厳《てきび》しいもの言いは健在である。三九歳の亀蔵は一九二五（大正一四）年に普通選挙法が成立して以来、成人男子ならば誰でも選挙に行けるようになったことを大いに喜び、今までに三回の衆議院総選挙を体験した。

　東京にいる小三郎が、瓦屋のそばに二反歩の畑を買って勘助に恩返ししたのは、この頃であった。小三郎は関東大震災を期に独立して浅草で空き樽屋を創めたが、せっせと働いて小金をためたのだという。暮らし向きも安定し、養女のせい子も元気に大きくなっている。

六年前、せい子の七歳の祝いに、亀蔵とはるは招かれて東京へ行った。二人が市電（路面電車）に乗った時、はるは前方から対向車両が近づいて来るのを見て、思わず大きな声で「ぶつかる、ぶつかるうっ！」と叫んでしまった。亀蔵は本豊田に帰ってから、そのことを皆に話しては笑った。うめはせい子が小学校に入学した時、やはり招かれて浅草の家へ行った。小三郎一家の生活ぶりを見てはきたが、東京は遠くて、気忙《きぜわ》しくて、なんだか恐ろしいところだった。

小三郎とせい子を通して、東京の空気が流れ込んで来る。せい子の姉であるしんには、それは少しまぶしい感じがしている。

九　子どもと学校

一九二八（昭和三）年四月、桜の蕾《つぼみ》もほころぶ頃、稲葉しんは茨城県結城《ゆうき》郡豊田村立豊田尋常《じんじょう》高等小学校（以下豊田小学校と略）に入学した。この年入学した児童は男三八人、女二八人合わせて六六人で、担任は準訓導《くんどう》の秋葉省三といった。

秋葉省三は一九〇六（明治三九）年以来豊田小学校に奉職しており、穏やかな人柄と低学年の子どもの指導に長《た》けていることから、地域の人々からは「アキバ先生なら安心だ」と慕われていた。彼は瓦屋から道を隔てた向かい側に住んでいて、安い俸給で妻とたくさんの子どもたちを養っていた。

しんは幼い頃から知っている秋葉先生が担任なので少し安心したものの、入学以来朝になるとぐずぐずと登校をしぶって周りを困らせていた。毎朝迎えに来てくれる近所の上級生のお姉さんになだめられて、機嫌よく家を出て行くことが多いが、それでもだめな時には、はるが手を引いて小学校まで連れて行った。学校が嫌いというわけではないらしく、昼過ぎには朝方のことなどけろりと忘れて、元気そうな顔をして帰ってくる。今日もしんは近所のお姉さんに手を引かれ、二本の大きなしだれ柳と御影石《みかげいし》の門をくぐり抜けて、校舎の中へと消えていった。

しんは一九二二（大正一一）年二月六日、亀蔵とうめの二女として生まれた。前の年の一月に生まれた長女のしげゐ《い》（しげであろう）が生後五日で亡くなったため、はるにとってはしんが初孫といってよかった。次の年の一〇月、三女のせい子が生まれると、それまでしんが独り占めしてきたうめの乳房と寝床は赤ん坊のものとなり、まだ一歳半を過ぎたばかりのしんは、それからははるといっしょの布団にくるまって眠るようになった。

母親が乳呑み児《ちのみご》を育て、祖母がそれ以外の子どもの世話をし、兄弟の大きい方が下の面倒を見るというのは、どこの村でも当たり前のことである。しんにははるの懐《ふところ》に包まれて眠る毎日は、安全で安心できる心地のよいものであった。そして彼女は、亀蔵とうめ、勘助とはる、彼らの三人の子どもたち（福雄・まつ・光男）、瓦屋で働く何人もの職人たち、隣近所の人々らに囲まれ、皆に見守られながら大きくなってきた。

しんの周りにいる人々は、それぞれ自分の仕事に精出しながら、家や地域のつながりの中で助け合いながら生きており、小さな波風はあっても、おおむね平穏な日々が繰り返されていた。子どもにとってこうした環境は親和性に満ちている。しんは勘助や職人たちの仕事をそばでじっと見ていたり、はるに連れられてよその家やお大師様《だいしさま》に行ったりしながら、小さな世間の中で生き生きと動き回っていた。しかし小学校に通うとなれば、一日のうちのほんの一時とはいえ、慣れ親しんだ日常から離れなければならない。だから、それが嫌で朝になるとぐずってしまうのだ。

はるは「おしんは早生まれだから仕方《しや》んめなぁ」と気にするふうもなかったが、小学校というところはしんにとっては見知らぬ異空間のごときものだったから、なんとなく恐ろしくて気後れしてしまう感じがあったのだろう。

こういう子どもはしんに限らず、時々はいたらしい。『豊田小学校創立百年誌』には、一九二三（大正一二）年入学者が次のようなことを書いている。

何しろ自分の名前はおろか十の数さえ覚えず、初めての集団教育に入ったわけです。ですから、中にはそうした集団生活に耐えられず、遂《つい》に一年遅れて再入学する子どもがたまたまおりました

村の子どもが学校というものに慣れるまでには、大変なエネルギーが要《い》ったのである。大正の終わり頃から昭和の初め頃に学齢期を迎えた子どもたちにとって、小学校は「行くもの」「行かねばならないもの」と意識されるようになっていた。勉強が分かろうと分かるまいと、とにかく学校へ通い、六年間は義務だから途中でやめたりしないで卒業しなければならないのである（実際は、いつのまにか姿を見せなくなる子どももいる）。

尋常科卒業後は、長男は家を継ぐ。それ以外の子どもたちは奉公に出る。男たちの奉公先は機屋《はたや》（絣《かすり》しばり・よりかけ）や東京の和裁職人のところ、女はよその農家で子守や下働き、機屋の織娘《おりこ》（二年年季、一年礼奉公）といった場合が多い。しかし最近では、男女ともに高等科

まで進む者が増えてきている。これが、この頃の子どもたちにとっての「常識」であった。

経済的には一九〇〇（明治三三）年から義務教育（当時は尋常科四年まで、一九〇七〔明治四〇〕年より六年間に延長）が無料になったことと、第一次世界大戦（一九一四〔大正三〕～一九一八〔大正七〕年）による大戦景気の影響が全国に及んで、小作農家の生活にもわずかながらとはいえ、ゆとりが生まれたことが大きい。親たちも子どもを小学校に通わせることについて理解を示すようになり、子ども自身も「学校へ行って読み書き計算を習っておかなければ自分が困る」と考えるようになってきた。一八七二（明治五）年の学制発布以来五〇余年を経て、学校がようやく村の暮らしの中に定着したのである。

しんが一年生になった時、すでに尋常や高等の小学生であった子どもたちは、「学校の子ども」としてその秩序と決まりになじみ、下校すれば「家の子ども」として年相応の仕事をまかされ、「村の子ども」として様々な年中行事に加わっていた。彼らは三つの世界を自在に行き来しながら暮らしており、それは程良いバランスで成立していた。

先の『豊田小学校創立百年誌』には、その頃のことは次のような思い出として描かれている。

　私が母校で学んだ小学生時代は、太平洋戦争の序曲が奏《かな》でられ始めた昭和初期の頃でした。即《すなわ》ち満州事変〔一九三一〔昭和六〕年、小一〕、五・一五事件〔一九三二〔昭和七〕年、小二〕、二・二六事件〔一九三六〈昭和一一〉年、小六〕、そして翌年の日華事変勃発《ぼっぱつ》〔日中戦争、一九三七〈昭和一二〉年〕と急速に太平洋戦争へと傾斜していった時代でしたが、それでも世相はまだそれほどの緊迫感はなく、母校は旧時代の木造建築の名残りをそのままとどめていて、教育そのものも大正末期の石下独特の自由主義教育の影響を多分に残していたし、学校をとりまく地域環境も平穏な雰囲気を漂《ただよ》わせていて、いま振り返ってみても幸せな時代でした

昭和の初め頃というのは、子どもが「家」と「村」と「学校」に帰属して、それぞれから必要とされていた時代だった。それは言い換えれば、「家」にも「村」にも「学校」にも子どもの居場所があったということである。世相がどうであろうと、「幸せな時代」だったと思い出される陰には、こうした理由が隠れていたのではないだろうか。

この「幸せな時代」に至るまでには、家にも村にも学校にも様々な苦労があった。それを長い時間をかけて、互いに譲歩したり凌《しの》いだりしながら折り合いをつけてきたのである。

古くは地租改正条例公布(一八七三〈明治六〉年)の前後に各地で反対一揆《いっき》(公布前は血税《けつぜい》一揆と呼ぶ)が発生した時、農民の不満は地租の改正だけではなく新政府の政策全般に向けられ、学校・電信局・郵便局・船会社・屯所《とんしょ》(警察署)などが打ち毀《こわ》しの被害に遭った。

当時の新聞には、「各区正副戸長《こちよう》の家屋及び小学校を挙《あ》げて破却《はきやく》、或《ある》いは放火し」（一八七三〔明治六〕年、美作《みまさか》〔現岡山県〕血税一揆）、「或いは学校を厭《いと》い〔いやがる〕」（同年、徳島県血税一揆）、「賊徒《ぞくと》は津島の学校、屯所をはじめ村の区戸長の宅を焼き払い」（一八七六〔明治九〕年、愛知県地租改正反対一揆）、「正副戸長の宅および学校に火を放ち」（同年、三重県地租改正反対一揆）、といった記事がしばしば登場している（『ニュースで追う明治日本発掘』）。小学校の設立運営は村費によったため、村民の税負担が増加し、金ばかりかかる「学校」などやっかいで、ない方がよいものだったのである。

それから十有余年を経て一八八七（明治二〇）年になると、学校を敵視して打ち毀すようなことはさすがになくなり、児童の就学率はようやく四五・〇〇％（男六〇・三一％、女二八・二六％、全国平均）までになる（同年の茨城県平均は五〇・三八％）。一八七三（明治六）年時の就学率が二八・一三％（男三九・九〇％、女一五・一四％、全国平均）でしかなかったことを考えれば、ずい分上昇している。

しかし、この「就学」児童たちの実態も、決して国の望むような学校教育の形式（新暦で生活し国の決めた休日に休む、定刻に登下校する）におさまっているとは言いがたかった。

静岡県の豊浜《とよはま》小学校（現磐田《いわた》市）の校務日誌には、明治二〇年頃までの学校生活は以下のようであったと記録されている。これが当時の、全国津々浦々の小学校の姿であったろうと思われる。

旧暦正月　「当地方ノ旧慣《きゅうかん》トシテ新暦ヲ奉ゼズ、専《もっぱ》ラ旧暦ニヨレバ其一月元旦ニハ是非《ぜひ》トモ休業セザルヲ得ズ」（一八八五〈明治一八〉年）

旧暦正月一五日　「本日ハ旧暦一月十五日相当故、生徒モ不参《ふさん》多シ故ニ校ヲ正午ニ閉チヌ」（一八八〇〈明治一三〉年）
「本日ハ陰暦正月十五日ナルヲ以テ、旧慣ニヨリ生徒ヲ正午ニ終業セシメタリ」（一八八三〈明治一六〉年）

初午《はつうま》　「本日ハ俚俗《りぞく》［いなか］陰暦ノ初午ナリトテ生徒午後ヨリ不参多シ、故ニ十二時ニテ終業セリ」（一八八三〈明治一六〉年）

端午《たんご》　「本日ハ旧暦端午ナリトテ頑愚固陋《がんぐころう》［かたくなで見聞が狭い］ノ生徒等極メテ不参多ケレバ数時ニテ閉校セリ」（一八八一〈明治一四〉年）

重陽《ちょうよう》　「陰暦重陽ニテ例の農家ニ日待《ひまち》ト称シ親族往来ノ日ニテ、生徒モ出校スルナキヲ以テ臨時休業セリ」（一八八三〈明治一六〉年）

（『近代史のなかの教育』、『日本民衆教育史研究』）

学童たちの暮らしぶりが目に見えるようである。他にも正月七日（七草）、大祓《おおはらえ》（さなぶり）、七夕《たなばた》、盂蘭盆《うらぼん》、送り神、えびす講、地区の氏神祭典などに関わる記述があり、そのたびに児童は「不参」「早退」を繰り返し、学校は「休業」「短縮」という事態に追い込まれている。これは明治政府が太陽暦に改暦（一八七二〔明治五〕年一二月三日を一八七三〔明治六〕年一月一日とした）したにもかかわらず、農民たちが長い間慣れ親しんできた太陰暦（旧暦）による生活をくずさなかったため、子どもたちも親にならって、学校よりも家や村の暮らしを優先させたことから生じたのである。

長い間子どもたちに求められてきたのは、家のために年相応の仕事をすること、古いしきたりを覚えること、村の行事に加わって仲間意識を身につけ、心身ともに一人前の村人になることであった。

しかし、近代の学校というのは、こうしたこととは対立する世界だった。新暦による学校生活、長時間の拘束《こうそく》、村の風俗への批判、農家の暮らしには役に立たない知識の習得、試験と競争――どれもなじみにくいものばかりであった。子どもたちはたとえ「就学」したとしても、心は「家」の子ども「村」の子どものまま、「学校（＝国）」の力のおよばないところにいたのである。

こうしたことが変わってきたのは明治二〇年代に入って、大日本帝国憲法発布（一八八九

（明治二二〔二三〕年）、教育ニ関スル勅語《ちょくご》発布（以下教育勅語と略、一八九〇〔明治二三〕年）、小学校祝日大祭日儀式規定《しゅくじつたいさいび》の制定（一八九一〔明治二四〕年）、その後の全国小学校への御真影《ごしんえい》（天皇皇后の写真）の下賜《かし》、というはっきりした国の意志が示されてからのことであった。

宗道小学校（現下妻市）の沿革誌には、教育勅語の謄本《とうほん》が届いた日のことは次のように記されている。

明治二十四年二月十九日　忝《かたじけ》ナクモ教育勅語御下賜アリタルニツキ本日奉読式ヲ挙行、主任訓導杉田弥四郎勅語ノ大意ヲ謹解《きんかい》ス［つつしんで説明する］、豊田第一高等小学校校長幕田孫作本村役場書記岩本庄太郎臨席《りんせき》ス　（『村のこころ』）

あっさりと、「本日奉読式ヲ挙行」と書いてあるが、勅語奉読にあたっては国から心得が出されていて、「式日ニハ生徒を一場ニ会集スヘシ　当日ハ初メニ「君ガ代」ノ唱歌ヲ奏シ奉祝《ほうしゅく》スヘシ　勅語ハ学校長　恭《うやうや》シク之《これ》ヲ奉読スヘシ」（『近代史のなかの教育』）といった細かい手順が決められていた。この勅語奉読式は地域ぐるみの一大セレモニーとして、厳《おごそ》かに賑々《にぎにぎ》しく盛大に執《と》り行ったところも多かった。

そしてこれ以降、校長が黒い礼服に白手袋で「朕惟《ちんおも》フニ我《わ》ガ皇祖皇宗國《こうそこうそうくに》ヲ肇《はじ》ムルコト宏遠《こうえん》ニ徳ヲ樹《た》ツルコト深厚《しんこう》ナリ　我ガ臣民《しんみん》克《よ》ク忠《ちゅう》ニ克《よ》ク孝《こう》ニ億兆《おくちょう》心《こころ》ヲ一《いつ》ニシテ世々《よよ》厥《そ》ノ美ヲ済《な》セルハ此レ我ガ國體《こくたい》ノ精華《せいか》ニシテ教育ノ淵源《えんげん》亦《また》實《じつ》ニ此ニ存《そん》ス……御名御璽《ぎょめいぎょじ》」と文言《もんごん》を唱える姿は、儀式には欠かせないものとなる。

子どもたちにとって、三大節、入学式、始業式、卒業式といった儀式のたびに繰り返される勅語奉読、唱歌斉唱《せいしょう》、御真影奉拝は退屈で少しも楽しいものではなかった。帰りがけに配られる菓子だけがうれしくて一時《いっとき》辛抱した、というのが正直なところであったろう。けれども、彼らが形の見えない「国」というものを、格式ばった権威的な儀式を通して意識するようになっていった、というのもまた事実であった。

一方村人たちは、運動会、学芸会、父兄懇話会といった行事のたびに学校へ足を運ぶようになり、少しずつ村の暮らしの中に受け入れていった。そして、戦争（日清・日露）という非常事態がやってきた時、国と子ども、学校と村人たちとの距離は一気に近づくのである。

日露戦争の時、小学校はどんな役割を果たしたのか。『沿革誌 宗道小学校』『沿革史 保存年限永久 石下町立玉《たま》小学校』から、その一端を知ることができる。

明治三十七（一九〇四）年二月十二日　日露交渉破レ国交断絶、十日付ヲ以テ宣戦ノ詔勅発布セラル、本校ニ於テ奉読式挙行、御詔勅ノ大意ヲ児童ニ訓示セリ、本月八日九日

両日ニ於ケル仁川旅順ノ海戦、我軍ノ大勝ヲ講述シ、一層国家ノ大事ニ際シ尽忠報国《じんちゆうほうこく》ノ念ヲ発奮《はつぷん》セシメタリ（宗道）

同年七月　出征軍人并《ならび》ニ其家族ニ慰問《いもん》状ヲ贈ル（玉）

同年九月七日　遼陽占領祝捷会《しゆくしようかい》ヲ催《もよお》ス、組合高等小学校生徒ト連合旗行列ヲナシ村内日進艦乗込海軍兵曹長内田政助戦死ヲ弔問《ちようもん》セリ（宗道）

明治三十八（一九〇五）年二月二十五日　愛国婦人会ノ募集ニ応ジ職員及生徒ヨリ恤《じゆつ》兵手拭《ぺいてぬぐい》一百五十四本ヲ寄贈ス（玉）

同年三月四日　本校庭ニ於テ旅順攻撃戦ニ名誉ノ戦死ヲ遂ゲタル内田尾十一郎村葬儀執行、職員児童参列（宗道）

同年四月四日　傷兵ニシテ兵役ヲ免除セラレタルモノニ　皇后陛下ヨリ襯衣《しんい》［シャツ］及菓子料ヲ恩賜《おんし》セラル、即《すなわち》生徒ニ訓告シテ盛徳《せいとく》ノ厚キヲ知ラシム（玉）（『村のこころ』）

教師と児童生徒が、村の人々と共に出征兵士を近くの駅や村のはずれまで見送る、遺骨を出迎える、葬儀に参列する、帰還兵を歓迎する、小学校を会場に日露幻灯会や祝勝会を開催する——戦争をめぐる喜びと悲しみを、子どもと村人と学校とが共有しあうようになった時、学校は村人たちに心から受け入れられた。そして子どもたちは、見送られる兵隊の姿に「国のために尽くす」ということの実際を知った。

しんの父亀蔵が豊田小学校に在学していたのは、一九〇三（明治三六）年四月から一九〇七（明治四〇）年三月までの四年間、日露戦争の真っ最中のことだった。彼が旗を振りながら見送った兵士の中には、母はるの異母弟直一がおり、出迎えた遺骨の中にもまた名誉の戦死を遂げた直一がいた。子どもだった亀蔵にとって、この戦争はひどく印象深い出来事だったに違いない。

伸び悩んでいた茨城県の就学率は、日露戦争を機に一九〇四（明治三七）年には九四・五五％（男九七・七八％、女九一・三二％）、一九一〇（明治四三）年には九八・一六％（男九九・一一％、女九七・二一％）に達した。

小学校は子どもたちの学習の場であるだけでなく、軍事後援活動・映画会・衛生講話会・麦作改良講習会・地方改良講習会・実業補習学校などの会場としてもさかんに使われるようになった。かつてはやっかい者でしかなかった学校が、今では村の重要な社会教育機関（「村の文化センター」と名付けている。『日本民衆教育史研究』より）となっておさまったのである。こうして、子どもたちを取り巻く環境が「家」も「村」も「学校」も相応に落ちついたのは、明治も終わり近くになってからのことであった。

一九二八（昭和三）年四月、しんが入学した時、豊田小学校の児童数は三九〇人（男二〇七人、女一八三人　尋常科のみ)、一八八九(明治二二)年に開校して以来二番目に人数の多い年であった。尋常科は一学級ずつ六年生まで、高等科は男子組と女子組に分かれて二年生まで、という編成になっている。

小学校は南北に細長い豊田村のほぼ真ん中あたりに建っていて、北の館方《たてがた》地区からは二キロ、南の曲田《まがった》地区からは二・五〜三キロといったところであろう。本豊田・曲田の子どもたちは、毎朝一本道を北へ北へと歩いて行く。季節のよい時は苦もないが、真冬北風が吹き荒れたり、雨や雪が降ったりした時にはなかなかの苦労である。上級生は下級生の面倒を見ながら登校することになっていて、家に時計がなくても誰も遅刻などしない。

ほこりっぽい道の西側には、耕地整理の済んだ水田が一面に広がっている。東側に桑畑が見えてくると、その向こうに学校がある。校門前にある日露戦争の忠魂碑《ちゅうこんひ》の正面で、姿勢を正して礼をしてから校舎に向かうのが決まりになっている。その校舎は逆コの字型の平屋建てで、北校舎の立派な玄関には、以前は「誠実　勤勉　規律」という大きな校訓の額が掲げられていた。しかし、関東大震災の時に玄関が壊れてからは、その額も下ろされたままになり、傾いた北校舎の外側には一本の太い丸太がつっかえ棒のように立てかけてある。

男の子はみな坊主頭に学童帽をかぶり、女の子たちは長い髪をおたばこぼんやひっつめに結っている。母親の縫った絣《かすり》や縞《しま》の着物に三尺帯、足もとはコマ下駄か草履《ぞうり》(藁・竹の皮)、雨が降れば裸足《はだし》、雪が降れば足袋《たび》だけというのが子どもたちのいつもの格好である。洋服を着ている子など一人もいないから、しんが一年生の運動会で、小三郎が送ってくれた赤いウールのジャケツ（ジャケット）を着て「ギンギンギラギラ夕日が沈む」とお遊戯《ゆうぎ》を踊った時には、ひときわ目立ったものだ。

入学祝いに東京からビロードの手提げカバンが届いた時にも、しんは飛び上がるほどうれしかった。他の子どもは読本《とくほん》や石板《せきばん》石筆《せきひつ》・弁当などは風呂敷に包んで背中や腰にくくりつけるか、せいぜい布の肩掛けカバン（男）に入れるぐらいだったから、しゃれたビロードのカバンは女の子たちにはずいぶんうらやましがられた。

小学校の一日は校庭での全校朝礼から始まった。

登校して定時になると　雨天以外は毎日校庭で全児童の朝礼を行ない、校長先生又は他の先生から当日の注意事項などのお話を聞いてから、順次各教室に入り、勉強を始めました

冬期間は、寒い日でも室内に暖房もなく、床板のすき間から寒い風が吹き込んで、ガタガタ身震いしながらの勉強ですから、わずか十分位の休憩時間には、日溜《ひだま》りのよい場所を選んで、体を護《まも》る様にしたことも度々《たびたび》ありました。誰もが共通した凌《しの》ぎ方で頑張り通した

のです。御弁当は麦三割米七割の混合飯は上等の方で、その上に納豆〔干し納豆〕か野菜の漬け物をのせた位で、たまご焼きなんかはめずらしい位の生活でした

（『豊田小学校創立百年誌』）

教師たちは羽織袴《はかま》、背広、黒い詰襟《つめえり》服などを身につけていた。ベテラン教師になると鼻の下に髭《ひげ》などをたくわえ貫禄も十分になるが、むやみに怒鳴ったりすることはない。やんちゃな男の子がいたずらをするぐらいのことはあっても、子どもたちはおおむね従順で手がかからないからだ。また、勉強ができなかったり、弁当を持って来られなかったり、身なりが薄汚れていたりしても、とがめ立てするようなこともない。それは仕方のないことだからだ。

教師が子どもたちに対して厳しく目を光らせるのは儀式の時、とりわけ校長が読み上げる教育勅語を聞く時の態度について、であった。姿勢を正して頭をたれ、身動きひとつせずにじっとしていなければならない。神聖なる教育勅語に対してふざけたことをするのは、不敬《ふけい》にあたるからである。日頃は優しい教師も、この時ばかりは恐い顔をして立っていた。

入学した一年生は、修身・読み方・書き方・綴《つづ》り方・算術・図画・唱歌・体操の八科目を習う。四年生から理科、五年生から国史と地理、六年生から日本外地と世界地理が加わる（学習課目以外には操行《そうこう》〔行い〕という評価項目がある）。

たくさんの教科目のうち子どもたちが好んだのは図画・唱歌・体操であったが、国が力を入れて教えたかったのは修身・読み方・国史であった。修身は一年生で「ジコクヲ　マモレ」「ナマケルナ」「テンノウヘイカ　バンザイ」「キグチコヘイ」といった話を聞き、学年が進むに従って、長い文章を読むことになっていた。五年生になると、国史の始まりに合わせて国の肇《はじ》めの神話が登場した。

昔天照大神《あまてらすおおみかみ》は御孫瓊瓊杵尊《ににぎのみこと》をお降しになつて、此の国を治めさせられました。尊の御曽孫《ごそうそん》が神武《じんむ》天皇であらせられます。天皇以来御子孫がひきつゞいて皇位におつきになりました。神武天皇の御即位の年から今日まで二千五百九十余年になります。この間、我が国は皇室を中心として、全国が一つの大きな家族のやうになつて栄えて来ました。御代々の天皇は我等臣民《しんみん》を子のやうにおいつくしみになり、我等臣民は祖先以来、天皇を親のやうにしたい奉つて、忠君愛国の道に尽しました。世界に国は多うございますが、我が大日本帝国のやうに、万世一系《ばんせいいっけい》の天皇をいたゞき、皇室と国民が一体になつてゐる国は外にはございません。我等はかやうなありがたい国に生まれ、かやうな尊い皇室をいたゞいてゐて、又かやうな美風をのこした臣民の子孫でございますから、あつぱれよい日本人となつて、我が国のために尽さなければなりません

（『尋常小学校ものがたり』）

読み方は「ハナ　ハト　マメ　マス」から始まる読本《とくほん》が、「ハナサカヂヂイ」「オオエヤマ」まで（くると一年生が終わった。三年生では次の詩を全員が暗誦《あんしょう》できるまで何度も繰り返し読んだ。

一　大日本
大日本　大日本
神のみすえの　天皇陛下
われら国民　八千万を
わが子のように　おぼしめされる。
　大日本　大日本
　われら国民　八千万は
　天皇陛下を　神ともあふぎ、
　おやとも　したいて　お仕《つか》え申す。
大日本　大日本
神代此の方　一度も敵に

負けたことなく、月日とともに、
国の光りが　かがやきまさる。

（『前掲書』）

この修身・読み方・国史の三教科と数々の学校行事が、教育勅語に基づく忠君愛国精神の涵《かん》養《よう》（無理のないようだんだん養い作ること）の中心をなし、「国のために尽くす」ということに疑いを持たない人々を沢山作り出したことは、今では広く知られるところである。一九四五（昭和二〇）年に太平洋戦争に敗北して以降は、こうした日本政府が営々《えいえい》と築き上げた教育の体系は、国家主義的・軍国主義的・宗教的であったとして厳しく批判断罪されている。

しかし、大正から昭和一〇年頃に小学生であった子どもたちが成長して、思い起こされる小学校時代というのはこうした種類のことではない。それは彼らの背後にあった農家の暮らしの過酷さや、その後に歩んだ苦労の多い人生の中で、ただほっこりと温《あたた》かく懐《なつ》かしいものなのである。修身や読み方・国史などでどんなことを習ったかは覚えていないが、楽しいことがいっぱいあったなぁ、という感じであろう。「チン　オモーニ……ギョメイ　ギョジ」さえも、過ぎてしまえば懐かしい。

いろいろな祭日の時は校長先生が白い手袋で御写真の飾られた式場で、といっても教室をいくつか抜いて広くした式場で、教育勅語を読まれました。何のことやら解らないまま身体を固くして聞いておりました。お式が終ると先生から国旗の印のついた袋に入ったお菓子を戴《いただ》いて帰りました。それが楽しみで皆、長い式の間も我慢してじっとしておったのだろうと思います。運動会や遠足と楽しいことも数多くありました（一九一三〔大正二〕年生まれ、日立市）

また四方拝、紀元節、天長節の三祝日には袴、羽織りで装《よそお》いも新《あらた》に登校したものである。式は君が代の斉唱、教育勅語の校長先生の奉読、来賓《らいひん》の祝辞になると長くて誰も半分あきて来て、耳には入らない様なことが多かった。式が終って袋にセンベイ七枚が配られ、それが一番うれしかった（一九〇六〔明治三九〕年生まれ、久慈《くじ》郡）

運動会などみんな素足で、弁当など重箱に入れ、家族が持参し、昼食は父兄観覧席で一緒にとり、本当にお祭り気分であった。……卒業式、修業式は子供心に晴の場所である。学術優等〔読本〕、品行方正〔修身〕皆勤《かいきん》〔書き方手本〕級長など役員賞は筆入れ、その他お褒美《ほうび》をたくさん貰え、本当に楽しい思い出の一コマであった（一九一一〔明治四四〕年生まれ、東茨城郡）

（『明治・大正・昭和戦前を古老は語る』）

その頃の学校行事では、運動会や学芸会等があり、特に運動会は楽しみのひとつでした。

早足行進やかけ足競争等の種目があり、入賞するとほうびとして雑記帳をもらい、重宝《ちようほう》した

（『豊田小学校創立百年誌』）

しんにとっても現在思い出されるものは、運動会・学芸会・儀式と落雁《らくがん》（菓子）である。勉強したことで覚えているのは、食塩と氷を使ってアイスキャンデーを作る実験をしたこと、二部合唱でつられてよく間違えたこと、バレーボールやドッヂボール・平均台や肋木《ろくぼく》などをやったこと、と先の三教科とは関わりがない。

これは君《くん》には忠、親には孝、兄弟には友《ゆう》、国憲を重んじ国法に遵《したが》い一旦緩急《いったんかんきゆう》あれば義勇公に奉じ忠良《ちようりよう》の臣民《しんみん》たれ、という当時としては誰もが異論をはさめぬ、どちらかというと空気のように当たり前だった忠君愛国のあれこれより、運動会・学芸会・儀式・実験・音楽・体育などの方が、子どもたちの生活からすればこの上なく「非日常的」な体験であったために、深く心に刻まれたということなのだろう。

子どもたちは小学校で新しい知識を得、様々なことから「絶大な刺激」（『民衆の教育経験』より）を受け、家と村とは違った世界を味わった。そしてそこからさらに世界を広げ、ある者は上級学校を目指し、ある者は新聞雑誌を購読し、ある者は働く場を求めて自ら都会に出て行った。

小学校は家も財産もない農家の二・三男たちが、自分の能力だけをたよりに生きていこうとする時にはそれを支える土台となり、村に残った者たちには、今の暮らしを少しでもよくしていこうとする意欲を育てたのである（産業組合が創刊した農村家庭雑誌『家の光』は熱心に生活改善に取り組み、一九三二〔昭和七〕年には二〇万部、一九三五年には一〇〇万部と発行部数を伸ばした）。

だから、自分たちを育《はぐく》み、広い世界への窓口となった小学校には深い愛着と懐かしみを抱きこそすれ、戦後になってからの「国家主義的」「軍国主義的」「宗教的」といった教育批判には現在でも素直にうなづくことができない。戦前の教育を丸ごと否定してしまえば、自分の根っこを失うことになるからだ。

これは、日本が戦争に負けて新しい憲法のもとで再出発することになった時、ほとんどの日本人が過去を精算できなかったことと通じている。自分の生きてきた社会や時代を否定的に見れば、その空気を吸って成長してきた自分の価値観が揺らぎ、ともすれば心が切り裂かれるような痛みを味わうことにもなりかねないからである。

『尋常小学校ものがたり』の著者竹内途夫《みちお》（一九二〇〔大正九〕年生まれ）は、後書きでこう述べている。

この大正生まれが経験した、昭和の初期の義務教育、すなわち尋常小学校の教育は、今日厳しい批判を受けている「教育勅語」を基本原理とする、天皇を中心とした忠君愛国の教育であった。この教育を受けた大正生まれの私たちは、この勅語の教えの通り、国憲を重んじ、国法に遵い、勅語の言葉を借りるなら、一旦緩急あって義勇公に奉じたまでで、これは当時の日本国民としての当然の義務として何の疑問も挟《はさ》まなかった。だから、いまさら我が青春が飢《う》えと瘧《おこり》［マラリア、熱病］の中での死闘の明け暮れに終わったことを悔やんだりする気には、おいそれとはなれないのである

大正生まれは戦争中に青年期を迎え、数多《あまた》が戦死した。そして戦後は黙って働いて、日本の高度成長を支えた。竹内途夫の感慨は、こうした人々の胸の内を代弁しているように思われる。戦前の教育を、国家主義的・軍国主義的であったと批判するのはたやすい。しかし、その時代を生きた多くの人々の心情は、そうした言説《げんせつ》とはかけ離れたところにある。

一九三四（昭和九）年三月、しんは豊田尋常小学校を卒業した。入学してしばらくは、朝になるとぐずぐず言って周りを困らせ、時にははるに手を引かれて通ったものだった。けれどもなじんでしまえばあっという間に六年間は過ぎ、卒業を間近かに控えた頃には高等科に進級したいと考えるようになっていた。高等科は義務ではないから、月々五〇銭の月謝がかかる。し

んの下には六歳の隆義《たかよし》がおり、母親のうめは昨年の一月に善助を産んだばかりである。うめは野良の仕事も、家の中の炊事や洗濯も、猫の手も借りたいほどに忙しい。彼女は、女は高等科などへ行く必要はないと思っている。女が生意気なことを言うようになったら、ろくなことはない。うめには女の幸せがどういうものなのかは漠然としているが、少なくとも上の学校へ行くことが女の幸せにつながるとは思えない。

しんはなかなか言い出せないまま、あきらめることもできずにいたのだが、亀蔵の「これからの時代は、女でも学問がなければダメだ」というひとことで、あっさりと決まったのだった。その代わり土曜日は必ず学校を休んで、朝からうめの仕事を手伝う約束だ。しんはうれしくて少しも苦にならない。

尋常科の時の二八人の女の子たちのうち、高等科へ進級したのは一〇人ほどだった。高等科では尋常科で習っていた教科目の他に、手工《しゅこう》・実業・家事（女子のみ）が加わり、女子の場合は特に実用的な技能を身につけることに多くの時間が割《さ》かれた。

着物を縫う、ミシンを使う、絞り染めをする、小さな布をはぎ合わせて座布団を作る、刺しゅうの基礎を習う、カレーライスを作る――次から次へと新しいことをしんたちに教えたのは、東京の女学校を出たばかりの一八歳（あるいは一七歳）の代用教員だった。彼女は芦ケ谷《あしがや》新田（現茨城県結城郡八千代町、本豊田から西へ約一〇キロ）の大きな農家の娘で、大島紬の着物を着て、さっそうとしんたちの前に現れた。若々しく元気があり、なんでもできて、東京のこともよく知っている。それは、しんが今までに知っている「学校の先生」の誰とも違って、アカ抜けていて格好がよかった。職業婦人と呼ぶには若すぎるこの女教師は、農家の出身であったがために、女の子たちから強いあこがれの気持ちを抱かれたのであろう。

しんたちのように村で暮らす娘たちの前に開けている未来というのは、本当に限定されたものであった。自分の家で野良仕事に励むにしても、行儀見習いを兼ねて奉公に行くにしても、最後はどこかの家の嫁になって、母親たちの世代と同じように婚家のために働き続けるのである。女が生きていくには、それしかなかった。

しかし、若い女教師は「それ以外の途《みち》」もあることを教えたのである。

しんは世話好きな人が持ってきた縁談を受けて近隣の村へ嫁に行き、そこで子を産み老いていくという月並みな人生を嫌っているわけではない。うめやはるのように自分の境遇に抗《あらが》わず、夫のため、子どものため、家のためにと精一杯働くことは、女ならば当然だとも思っている。けれども夫や嫁ぎ先の如何《いかん》で、自分の人生の幸不幸が左右されてしまうというのも確かなことだった。

しんは、手先の器用さを生かす仕事ができたらいいのに、妹のせい子がいる東京に出てみたいなぁ、というぼんやりした願いも消し去ることができない。明治の御一新以来長い長い年月を経て、ようやく村の女たちにも「職業婦人」「自分の技能で身を立てる」という選択肢があると、現実味を持って考えられるようになってきたのである。

一九三六（昭和一一）年三月、しんは二年間の学業を終え、豊田高等小学校を卒業した。

一〇　戦争が忍び寄る

しんが毎朝泣きたいような気分で小学校へ通い始めた年（一九二八〈昭和三〉年）から、成長し少し晴れがましい気持ちで高等科を卒業した年（一九三六〈昭和一一〉年）までの八年間というのは、日本の近代史の上では、どのような時期にあたっていたのだろうか。

しんが生まれた一九二二（大正一一）年頃、世の中は大正デモクラシー華やかなりし頃で、その空気は石下の地にも及び、石下小学校での「自由教育」（児童生徒の自主性・自律自発性を重んじる、学級自治会・学校自治会を組織する、など）の実践は、教育関係者の注目を集めたものだった。

また一九二五（大正一四）年には、デモクラシー運動の主眼であった普通選挙法も公布され（治安維持法《ちあんいじ》公布と抱き合わせであったことはあまりにも有名）、それに合わせて次の年あたりから無産政党は結成・分裂を繰り返し、労働運動・農民運動も活発さを増していた。

そして、第一次世界大戦による好景気が世の中をうるおし、「明治」という重々しさから解放された、はつらつとした空気が社会全体にあふれていた。

それが「昭和」の声を聞いたとたんに暗雲がたちこめてくる。国内で金融恐慌が発生し、その上世界恐慌の大波が日本にも押し寄せてきたのである。

一九二九（昭和四）年一〇月のニューヨーク株式市場大暴落から始まった世界恐慌の影響は、日本では次の年の三月あたりから商品市場の暴落、株式市場の崩壊となって姿を現してきた。

都市部の大企業はのきなみ生産制限に踏み切り、余剰人員を解雇した。銀行が警戒を強めて資金を貸し渋るため、中小零細会社は次々と倒産した。買い控えが続いて商店も借金まみれになった。失業者*は全国に三、四〇万人とも、七、八〇万人とも、あるいは一〇〇万人ともいわれて、不況は深刻化し続けた。夜逃げや行き倒れ、一家心中、強盗などの事件も頻発した。

そして農村はといえば、「東京に入りこんでゐ《い》る各街道筋には、徒歩で「帰郷」する失業労働者の群が陸続《りくぞく》とつゞいてゐるといふ。だが、彼等はすべてもともと故郷を追はれたものであり、しかもその故郷たるや、都会と同様に否《いな》都会以上に、窮乏のどん底に陥《おちい》ってゐるのである」（『生活史Ⅲ』より「中央公論」一九三〇〈昭和五〉年）という状況にあった。

世界恐慌が農産物価格を異常に下落させたのである。特に米と繭の値が下がり、米は半分以下、繭は三分の一から四分の一にまで低落した。農家の家計の中心をなす米と、数少ない現金収入の途である繭の値崩れは村の暮らしを直撃し、借金が雪だるまのようにふくらんでいく家が続出した。

どんなに収入が少なくても、耕作に必要な肥料や村の税金は支払わねばならない。時には病

＊ 失業率　一九三一（昭和六）年　五・九％
一九三二（昭和七）年　七・九％

人を医者に診《み》せたり、葬式を出したりすることもある。村や町の質屋や金貸しには、人目を忍んで金を借りに来る人々が絶えない。

小作をしている者の多くは副業（食料品などの小商《こあきな》いをする、生活用品・農具などを作って売る、雇われて賃仕事をする、出稼ぎに行く、馬車曳《ひ》き、振り売りなど）を持って生活を支えていたが、そうした仕事もしだいに少なくなり、都市部から職を失った者たちが郷里に戻ってきても、働ける場所はなかった。

一九三一（昭和六）年から翌年にかけては輸出入ともに落ち込んで、不況は最悪、国民生活は苦しくなる一方であった。更に一九三一（昭和六）年と一九三四（昭和九）年に、東北・北海道をおそった冷害・凶《きょう》作がそれに追い打ちをかけた。

一九三四（昭和九）年の東北六県の米作は前年に比べると四七％減収（五五〇万八三〇〇石《こく》＝一三七七万七五〇俵＝八二万六二四五トン減）、石当たり二五円とすれば一億三七七〇万七五〇〇円の米作損害となっている。これは現在に換算*すれば約四一三一億二二五〇万円に相当する。一九三二（昭和七）年時の農村全体の負債額は推定で六〇億円（約一八兆円）に達したというから、厳しい厳しい時代であった。

一九三四（昭和九）年に東北六県から出稼ぎに行った婦女子の数は、芸者二二九六人、娼《しょう》妓《ぎ》四五二一人、酌婦《しゃくふ》五九五二人、女給三二七一人、女中および子守一万九二四四人、女工一万七二六〇人、その他五七二九人、計五万八一七三人にのぼったという（『昭和史の瞬間』）。統計には表れてこない女たちの数も、相当なものであったろう。

また、東北以外の農村窮乏の実情について『日本農業年報第一輯《しゅう》一九三二年上半期』は、「惨たり！　農民生活　食ふに困る農民」と題して次のように述べている。

> 凶作ならばまだしも、凶作ならざる農村に、食ふべき食糧がない、とは何たる矛盾《むじゅん》の甚《はなは》だしい世の様だ。いま農村には食ふに困るものが簇出《ぞくしゅつ》している。山の木の葉を取って来て食ったり、豆腐《おから》で飢《うえ》を凌《しの》いだり、犬や猫を殺して食ったり、フスマ［小麦を粉にする

＊ 換算の基準……当時のおよそ三〇〇〇倍を現在に相当するものとして換算（『生活史Ⅲ』より参照）

・昭和初頭、教師の収入　一二二円六五銭（三六万七九五〇円）
・昭和初頭、工場労働者の収入　八八円〇九銭（二六万四二七〇円）
・昭和五年、そば・うどん　七銭（二一〇円）
　週刊朝日　サンデー毎日　一二銭（三六〇円）
　東京市電　七銭（二一〇円）
　黄金バット　七銭（二一〇円）
　葉書　一銭五厘（四五円）
　封書　三銭（九〇円）

ときにできる皮のくず」で命を継いだり、植えつけたばかりの馬鈴薯《ばれいしょ》を掘取って食ったり、蕨《わらび》を取って来て食ったり、或は食料を盗み合ったり、欠食児童の弁当ドロが行われたりしている。何たる姿だ。宛然《えんぜん》［まるで］餓飢道《がきどう》の観を呈《てい》している。その上凶作でものしかゝって来たら、生き延び得られる百姓はいったい何人位あるだろう。飢は盗みを教唆《きょうさ》［そそのかす］する。かくして農村には今やコソドロや大ドロが頻発《ひんぱつ》している（『生活史Ⅲ』）

借金を負った者たちには爪《つめ》に火をともすような節約・倹約の日々が続き、今後一〇年間は子どもといえども絶対に菓子を食ってはいけない、砂糖も使ってはいけない、酒は一ヵ月五合宛節約する、自転車などはやめてテクテク歩く、ゴム底足袋や靴はぜいたくであるから使わない、といったことを申し合わせた村もあった。

亀蔵一家も一九三五（昭和一〇）年頃は、育ち盛りの子ども四人を抱えて食べる米にも事欠き、米屋から買ってこなければならなかった。亀蔵が瓦屋から受け取る月給が九円か一〇円という時、その米一俵は六円だった。しんは、亀蔵が俵の米を大事そうにすくって釜の中の麦に混ぜ入れながら、「これ一俵の米、ひと月もてばいいんだがなぁ」と、ため息をついていた姿が忘れられない。その日その日の生活を支えるだけで精いっぱいという人々が、日本中にあふれていた。

そんな時、はるかかなたの中国では、日本の軍隊が不穏《ふおん》な動きをみせていた。

一九三一（昭和六）年九月一八日、中国東北部に駐留《ちゅうりゅう》していた関東軍の板垣征四郎、石原莞爾《かんじ》らは、数名の部下を使って奉天《ほうてん》郊外柳条湖《りゅうじょうこ》の満鉄線路を爆破した。関東軍司令官本庄《ほんじょう》繁《しげる》はこれを中国側のしわざであるとして総攻撃をしかけた（満州事変）。

そして、関東軍はこれをきっかけに中国への軍事的圧力を頻繁《ひんぱん》に加えるようになり、翌年の三月には日本の傀儡《かいらい》国家である満州国建国を宣言させるに至る。清朝《しんちょう》の皇帝溥儀《ふぎ》を執政としたとはいえそれは形ばかりで、実権は関東軍が握っていた。政府も軍部の独断専横を押さえることができないままに、中国への侵略は始まったのだった。

一九三三（昭和八）年、日本は「満州事変を日本側の自衛行動とは容認せず」というリットン調査団の報告を不服として、国際連盟を脱退した。これが日本が世界列国の中から孤立していく第一歩となる。

一九三六（昭和一一）年二月には、陸軍の皇道派青年将校が一四〇〇人あまりの兵を率いてクーデターを起こし、政府要人を次々と襲撃して殺害する事件が起きた。叛乱を起こした青年将校たちは、国を憂《うれ》い「尊王《そんのう》・討奸《とうかん》」を合言葉に天皇親政による国家改造を主張したが、四日後には鎮圧された（二・二六事件）。

ほかにも左翼活動家の大量検挙（一九二八〔昭和三〕年、一九二九〔昭和四〕年）、右翼血盟団《けつめいだん》による前蔵相井上準之助《ぞうしよう》射殺事件（一九三二〔昭和七〕年）、軍部急進派による犬養毅《いぬかいつよし》首相殺害事件（五・一五事件、同年）、大学や学問への不当介入（滝川事件、一九三三〔昭和八〕年、美濃部達吉《みのべたつきち》の天皇機関説、一九三五〔昭和一〇〕年）といった事件が相次ぎ、海軍大将が首相におさまったことによって、政党内閣制も事実上崩壊した（一九三二〔昭和七〕年）。

今この時代を振り返れば、軍隊、占領、刺殺、射殺といった暴力的な血なまぐささにあふれている。まさに軍国主義、* ファシズムの時代であった。

この日本のファシズムには、思想的バックボーンに農本《のうほん》主義的傾向があり、昭和に入ってからの農村の窮乏《きゆうぼう》がそれに拍車をかけた、遅れた農村こそが急進ファシズムの温床《おんしよう》であったのだ、と言われている。

『窮乏の農村』の解説（大島清）にも、「……昭和恐慌下に深まりゆく農村の窮乏を社会的土壌として、一部の右翼・軍人・農本主義者グループを中心にファシズムが急速に成長し、やがて十五年戦争の破局にむかって日本を突き動かしていったことは忘れることのできない歴史的

＊　軍国主義　国家のあらゆる政策・組織を戦争に役立つように整え、戦争で国威《い》を高めようとする立場
ファシズム　権力で労働者階級を押さえ、外国に対しては侵略政策をとる帝国主義的な独裁制
帝国主義　飽くことなく自国の領土・勢力範囲を広げようとする侵略的傾向

事実である」とある。

だがしかし、子どもに菓子を与えることもできず、履き物を履くことさえ惜しみ、借金を返すためにつましい生活に耐えている農民たちは、こうしたファシズムへの傾斜の源《みなもと》に自分たちの存在があるなどと考えたことがあったであろうか。自らの苦境が戦争への道すじに連なっていると知る者はあったであろうか。

近代が明けて六〇余年、多くの農民たちには政治的なことと自らの生活とは遠く離れたままである。この時代、誰もが世の中の動きについて知らなかったわけではない。国によって制限された不十分な情報ではあったが新聞ラジオは時の出来事を伝えたし、人の口から口へと伝わる情報もばかにはできなかった。

けれども村人たちには、経済的なことも、政治的なことも、世の中で起こる様々なごたごたは、みな自分には直接関係のない、ばらばらな「ひとつひとつの出来事」と映じるばかりであったろう。世界恐慌の影響を受けて日本が不景気のただ中にいるぐらいのことは知識として知っていたとしても、関東軍が中国大陸で次々と戦果を上げているという情報も、満州という国ができたということも、国際連盟を脱退したということも、その底にどんな流れがうず巻いて連なっているかまでは分からない。

その時を生きている者には、これから始まる未来は予測できない。だから、生きている現在を相対化して客観的に眺めるということもできない。当時の人々が世の中の「ひとつひとつの出来事」に一喜一憂しながら、右傾化する時代の流れに危機感を抱かなかったとしても、それは仕方のないことであった。

昭和の大恐慌に対して、政府は有効な解決策を打ち出すことができなかった。米や繭の価格を安定させるための法律を作ったり、救農土木事業を実施したり、農山漁村経済更生運動を推進したりしたが、どれも一時的な対症療法に過ぎなかった。

ようやく政府の経済政策（金本位制《きんほんいせい》からの離脱、日本の為替相場《かわせそうば》を意識的に低下させ円安を利用して輸出を促進する、国家財政を膨張《ぼうちょう》させる、など）が効を奏して、農村が長い不況のトンネルから抜け出すことができたのは、一九三六（昭和一一）年になってからのことだった。

ところがこの財政再建は、日本の経済を健全に立て直したのではなかった。財政を膨張させ、国内に流通する通貨量を増やして消費を拡大するという政策は、軍部の軍備拡大の要求を拒絶できないまま、軍事費ばかりを増やし続ける結果になってしまったのである。

一九三六（昭和一一）年三月、豊田高等小学校を卒業したしんは、母親のうめと一緒に毎日野良仕事に励んでいた。

前の年の一〇月に石下の各小学校に青年学校が新設された（同年四月一日青年学校令公布）ため、卒業してからも週に五、六時間は豊田小学校で家事や裁縫を習いに行くが、これは義務とはいえ、きつい仕事の合間の骨休めみたいなものだ。

一四歳のしんは同じ年ごろの娘たちの中では、背丈のあるしっかりした体つきをしている。うめの血を引いたのだ。少し引っ込み思案《じあん》なところ、面差《おもざ》しなどもうめによく似てきた。けれど、しんを育てたのは父親と母親だけでなく、勘助、はる（祖父母）、まつ（叔母）、福雄、光男（叔父）など「稲葉」という大きな「家」を構成する人々と、その周縁の血族たちであった。はるやまつに可愛がられ、光男は少し年の離れた兄のようで、福雄の子どもたちからは「ねえちゃん、ねえちゃん」と慕われた。大きな家族のつながりの中で、しんはたくさんの立場を持っている。

こうした中で大きくなれば、自分の気持ちばかりを優先させてわがままを通せば、周りとうまくやっていけないということは、自然と分かるようになる。しんがおっとりとした性格ながら、自分の役割を心得て、その時々に何をしたらよいのかを考えるようになったのは、そうした環境によるものだったのだろう。そして彼女自身は気付いていなかったが、彼女が自分を押さえても物事が円満におさまるよう心配りしたために、そのことでどれだけ余計な諍《いさか》いが回避され、周りの人々を幸せにしたことだろう。

うめはしんが一人前になって、いっしょに働けるようになったことがうれしかった。少しは仕事が楽になるということもあったが、なんだか嫁である自分に強い味方ができたような気がしたのだ。うめは田んぼへ行く時も畑へ行く時もしんを連れていった。

そのうち二人で働く生活にも慣れ、うめは思いきって「おこさま」（お蚕様《こ》）を手がけてみることにした。繭の値は日々上がったり下がったりする。けれども仕事の合間に小さな規模でやるのであれば、案外いい現金収入になるのだ。ふたりで頑張れば、春蚕《はるご》と秋蚕《あきご》*はなんとかできそうだった。

五月の声を聞き、そろそろ春蚕が始まるという頃になると、うめとしんは二間しかない座敷のひとつを「おこさま」を飼う部屋に変える。破れ障子にはり紙をし、床板や壁のすき間に目張りをし、養蚕《ようさん》火鉢を出し、平たい大きな竹かごは用水堀できれいに洗っておく。

そしてそこまでしたあと、業者から蚕《かいこ》の卵を買ってくる。卵は種紙にびっしりと産みつけられたものが一枚二枚という単位で売られていて、うめはいつも種紙二枚二〇グラムほどを買う。これだけでやがては八畳いっぱいを占領するほどになるのだ。

種紙の上で卵から孵化《ふか》した毛蚕《けご》を、鳥の羽根で優しく掃《は》きたて蚕座紙《さんざし》に下ろすと、「おこさ

＊　春蚕　　五月上旬～六月中旬　　四〇日間くらい
　　秋蚕　　八月上旬～八月下旬　　二四日間くらい
　　晩秋蚕《ばんしゅうさん》　九月上旬～一〇月上旬　三〇日間くらい

ま」たちは絶え間なく桑《くわ》を食べ、食べては休眠して脱皮し、第一齢から第五齢まで成長し続ける。その間、人間は毎日毎日桑の葉を摘んで大きなかごに入れて背負って帰り、蚕たちが食べやすいように葉をきざんだり、食べ残した小枝を取り除いたりして面倒を見る。「おこさま」は金になるだけ手もかかる。

何万という数の蚕が「サワサワ、サワサワ」と音をさせて桑を食《は》み、そのうち白くてひんやりした体はしだいに透きとおって、細い糸を吐き出すようになる。すると今度は、「チャラチャラ、シャラシャラ」とかすかな音をたてて首を振り振り繭を作り、その中に入ってしまう。そして人間は蚕が命がけで作った繭をちょうだいして糸をとり、立派な絹織物にして身にまとう。村の人々が蚕を「かいこ」と呼び捨てにせず、「おこさま」と様をつけて呼んだのは、蚕の神秘な力と、そこからいただく恩恵への感謝の気持ちがあったからに違いない。それなのに異国の恐慌が繭価を暴落させ、借金まみれの人々をたくさん生み出してしまったというのは、なんとも皮肉な話であった。

しんは繭価が安定してきた一九三七（昭和一二）年頃、二〇グラムの卵から二〇貫《かん》（七五キロ）の繭がとれて、石下の町の出荷場まで荷車を引いて売りに行ったら、一〇〇円以上（現在の三〇万円位か）になった時のことが忘れられない。渡された一〇〇円札とバラ銭を握りしめて急いで帰り、みんなで代わる代わるその一〇〇円札をのぞきこんだものだ。亀蔵も一〇〇円札を見るのは初めてのことだったから、「俺が働くより大したもんだな」と驚き、手放しに喜んだ。

その金はマブシ祝い（繭を売ったあとの祝い）に魚を買ったり、町場の呉服屋で反物《たんもの》を買ったりすることに使われ、何の贅沢《ぜいたく》もしないのにいつの間にか消えてなくなった。きっとそれまでにあった借金を返すことに使われたのであろう。

うめは働きながら、しんにたくさんのことを話して聞かせた。原の家（実家）や遠い親戚のこと、野良仕事のイロハ、炊事のこつ、家や村の中の神様や仏様たちとのつきあい方、隣近所の人々の噂――そんなことを、とつとつと、時にぶっきらぼうでそっけない語り口で話した。

うめの気持ちの中には、しんがいずれどこかの農家に嫁入りした時、ものを知らないばかりに婚家で苦労するようなことがあってはかわいそうだ、という思いがある。村で暮らしていくためには、それ相応の作法を身につけておかねば、周りとうまくやっていくことができない。

しんはうめが話すことを、ただそういうものかと思って聞いていた。しんは母親が目に一丁《いってい》字《じ》もなく、どんなことも見て聞いて自分の頭にたたき込み、体で覚え、そこにどんな苦労があったのかなど考えたこともなかった。なぜならうめは食べることから着ることまでなんでもできたし、野良のことも毎日の暮らしのこともたくさんのことを知っていて、まるで知恵のかたまりのようだったのだ。しんは子どもながらに「いいオバさん（母親のこと）だ」と思ったものだ。
うめとしんの毎日は、田んぼと畑とおこさまが旧の暦に合わせて切り盛りされていく。正月も旧暦で迎える。しんの弟の隆義が新暦の一月一日に、「今日は学校の正月だからシオガマもらってきた」などとうれしそうに帰ってきても、村ではまだその時分には年の暮れの仕事が済んでいないから、「あぁそうかい」で終わりである（新暦の正月は「東京の正月」という言い方もする）。田畑の仕事も、盆も、春秋《しゅんじゅう》の彼岸《ひがん》も、立春《りっしゅん》・春分《しゅんぶん》・八十八夜《や》・夏至《げし》・半夏生《はんげしょう》・秋分《しゅうぶん》・冬至《とうじ》といった月の動きをもとにした日々で回っている。

そして、そうした節気のあい間に祭りや盆踊りがあった。大人も子どもも、これらの日をどれほど首を長くして待ったことだろう。三月一五日（旧暦）の金村雷神《かなむららいじん》祭りは、小貝川を渡った向こう側の祭りだ。近在《きんざい》で「ライジンサマ」を知らない者はなく、日用品の市には大勢人が集まる。子どもが喜ぶ露店もいっぱい並んで、とてもにぎやかだ。しんは叔母さんがくれた五○銭玉でトコロテンを食べたり、大きなアメ玉やサイフを買ったりしたものだ。

六月一五、一六日（旧暦）に行われる本豊田八幡神社の祇園祭は、「テンノサマ」と呼んだ。男たちが酒をあおりながら古くて大きな神輿《みこし》を担《かつ》ぎ、北宿《キタチク》から新宿《アラシク》、宿《シク》へとねり歩く。家格の割に寄付の少ないケチな家には、わざと神輿をぶつけて塀を壊したりする。見物人はそれみたことかと大喜びだ。この日ばかりは誰もが仕事を休んで、客が来たり、出かけたり、ごちそうを食べたりしてのんびりと日を過ごす。

七月中頃（旧暦）になると、各地で盆踊りが催《もよお》された。本豊田のすぐ東に小貝川を渡る橋ができてから（一九三三〔昭和八〕年）、しんは仲のよい友だちとよく上郷《かみごう》（現つくば市）まで踊りに行った。帰りは疲れて、石橋の欄干《らんかん》に腰かけながら夜風に当たって涼んだものだ。

秋の九月一五日（旧暦）には下妻大宝八幡《だいほうはちまん》の祭礼がある。娘たちはわざわざセル（ウール）の着物を新調し、おしゃれをして友だちと出かけた。そんな時にはしんも、石下の駅前にある小間物屋をちょっとのぞいてみたりする。祭りや盆踊りは若い男女の数少ない社交場だったから、みんなめかしこんで熱心に通ったのだ。

うめとともに働き、年越しだといってはソバを打ち、初午《はつうま》だといってはスミツカレを食べ、節句だといっては草餅や柏餅を作る。

しんの周りで季節はめぐり、時間はゆったりと流れていく。

一九三七（昭和一二）年春、しんは一五歳になった。亀蔵は四一歳。瓦葺きも毎日仕事があるわけではないから、今では勘助から手ほどきをうけて鬼瓦彫りも器用にこなす。なかなか見事な出来ばえである。うめは三八歳。顔は日に焼け、手も足もひび割れて夏でも治ることがない。

しんの弟隆義《たかよし》はまだ一〇歳だが、長男だという気持ちがあるからだろう、文句も言わずに見よう見まねでどんな仕事でも手伝う。その下の善助《ぜんすけ》と皓治《こうじ》は四歳と二歳、寄るとさわるとけんかをして叱《しか》られてばかりいる。勘助は七五歳になった。昔のように朝から晩まで働くことはできないけれども、まだまだ元気だ。体は頑丈で病気ひとつしない。そして今でも、酒さえあれば機嫌がよい。

六九歳のはるは腰が少し曲がってきた。福雄の子どもたちをお守りしながら、家の内外に仕事をさがしては立ち働いている。座っていても急に手が淋しくなると、古い着物を持ち出してほどいてみたり、繕《つくろ》ってみたりして休むことがない。小さなはるの体には「働くことが生きること」であるという真理が滲《し》みていて、何もしないでいたら、お天道様《てんとうさま》に申し訳がたたないような罪悪感におそわれてしまうのだ。彼女の楽しみといえば、お大師様《だいしさま》へ参ることや行屋《ぎょうや》での念仏講《ねんぶつこう》ぐらいのものだ。近所の人に歩けるうちにと誘われて、長野善光寺まで遠出《とおで》した時は大変だった。この明治元年生まれは神仏に無事の帰還を祈願し、親類縁者と「今生《こんじょう》の別れになるやもしれぬ」と水杯《みずさかずき》を交わして出立《しゅったつ》して行ったのだから。

福雄は三二歳。昌一《しょういち》（五歳）と喜助《きすけ》（二歳）という二人の子どもがいる。最近福雄は愛知県の三州瓦《さんしゅうかわら》産地（知多《ちた》湾周辺地域）までわざわざ出かけて、新式の土練機《どれんき》を買いつけてきた。今までは職人が混じりものの多い粘土を、踏んだり水にさらしたりして瓦用に仕上げていたが、モーターで動く土練機は、職人たちの何倍もの速さで質の良い粘土をひねり出している。

こうして毎日、さして変わり映《ば》えのしない同じような日々が過ぎていく。夏が寒かったり、大水が出たりしたこともある。瓦の注文がぱったり途絶えたこともある。しかしその都度なんとか乗り切ってきた。昭和不況の時には、どの農家も借金に苦しんだ。それを一家離散や夜逃げといった結末を迎えずに、辛《から》くも乗り越えた農家が多かったのは、村の暮らしのしくみに負うところが大きかった。村の家では衣食住を満たすために、大人にも子どもにもそれぞれ大切な持ち場と仕事がある。小さな子どもでも子守り、風呂の水汲み、かまどの火おこし、庭や土間の掃除、草取りなどをするし、少し大きくなれば鍬《くわ》をかつぎ鎌を持ち田や畑に出る。大人たちは野良の仕事や家業のほかに、用水堀の泥さらいや草刈り、茅《かや》屋根の葺き替えといった共同で行う村の務めも果たさねばならない。家の中も村の中も、それを欠いては暮らしが成り立たないというような仕事でいっぱいだ。そして、一人ひとりがその働きを通して互いに支え合い、つながり合っている。

けれども、そうした仕事のいちいちに金が動くことはない。維新前のはるか昔から、古《いにしえ》の人々は現金がなくても生活していけるシステムの中で暮らしてきた。村の暮らしがどんなに厳しい圧政にも、過酷《かこく》な自然の脅威《きょうい》にも簡単につぶれることがなかったのは、人々が同じ神仏を奉じ、同じ習わしや掟《おきて》を守り、モノや労働力を交換し、助け合って生きてきたからである。

昭和に入ってからも、家も村も金の行き交わない労働によって生活が支えられている。

都会では金のあることが豊かさである。農村では人と人とのつながりや、人と自然とのつながりの中に豊かさが隠れている。農村の持つ懐《ふところ》の広さというのは、きっとこんなことにも関わりがあるのだろう。ただこうしたことが「豊かさ」であるなどとは、村の誰も考えたことはなかったであろうけれど。

一九三七（昭和一二）年七月七日夜、蘆溝橋《ろこうきょう》（北京《ペキン》郊外）で日本軍と中国軍が衝突した。事件そのものは偶発的なものであったが、この事件を発端に満州事変以来くすぶっていた中国との対立が激化し、その後一九四五（昭和二〇）年八月一五日までの八年間にわたる全面戦争へと突入していく（日中戦争とよぶ。満州事変を起点とする場合は日中十五年戦争とよぶ）。

蘆溝橋事件が起こった時、政府（近衛文麿《このえふみまろ》内閣）は不拡大主義をとり、現地解決をはかろうとした。軍の中にも、満州国の北方ロシアとの戦争に備えることを第一義とすべきであって、中国との戦いは回避しなければならない、と主張する者たちもいた。けれどもこうした声は、この事件を利用して中国の抗日的態度に打撃を与え、日本の華北での地位を確固たるものにしたいと考える軍内部の勢力によって、たちまちのうちに吹き飛ばされてしまった。

この勢力は、中国は弱いから一撃を加えれば簡単に降参《こうさん》するであろうと楽観しており、日本の戦力に自信を持っていた。七月七日、陸軍中央は関東軍二個旅団、朝鮮軍一個師団、内地三個師団の華北派遣《はけん》を決定し、次の日、不拡大の方針をとっていたはずの政府も、閣議で陸軍の提案を承認してしまった。そして政府は事態を「北支事変《ほくしじへん》」と命名し、次のような政府声明を発表するのである。

今次《こんじ》事変は全く支那《しな》側の計画的武力抗日なること最早疑《もはやうたがい》の余地なし。思ふに、北支治安の維持が帝国及満州国にとり緊急の事たるは茲《ここ》に贅言《ぜいげん》を要せざる処《ところ》にして、支那側が不法行為は勿論排日侮日《はいにちぶにち》行為に対する謝罪を為《な》し及今後斯《か》かる行為なかしむる為の適当なる保障等をなすことは東亜の平和維持上極めて緊急なり、仍《よっ》て政府は日本の閣議に於て重大決意を為し、北支派兵に関し政府として執《と》るべき所要の措置《そち》をなす事に決定せり

（『十五年戦争小史』）

七月二八日、日本軍はついに総攻撃を開始した。しかし、中国国内の抗日勢力の強い抵抗にあって、軍部の考えているようには事態はおさまらなかった。八月一五日、政府は再び声明を発表せざるを得なくなる。

顧《かえり》みれば事変発生以来屢々《るる》［たびたび］声明したる如く、帝国は隠忍《いんにん》に隠忍を重ね事件の不拡大を方針とし、努めて平和的に局地的に処理せんことを企図《きと》し、天津《てんしん》地方に於け

る支那軍屢次の挑戦及不法行為に対しても、我が支那装甲軍は交通線の確保及我が国居留民保護の為め真に已《や》むを得ざる自衛行動に出《い》でたるに過ぎず……支那側が帝国を軽侮《けいぶ》し不法暴虐《ぼうぎゃく》至らざるなく全支に亙《わた》る我が居留民の生命財産危殆《きたい》に陥《おちい》るに及んでは、帝国としては最早《もはや》隠忍その限度に達し、支那軍の暴戻《ぼうれい》を膺懲《おうちょう》し以《もっ》て南京《なんきん》政府の反省を促《うなが》す為今や断乎たる措置をとるの已むなきに至れり
(『新聞集成　昭和史の証言』)

更に一七日には閣議で「従来執り来れる不拡大方針を拋棄《ほうき》し、戦時態制上必要なる諸般の準備対策を講ず」ることが決定され、九月二日にはそれまで「北支事変」と呼んでいたものを「支那事変」と改称した。これは戦争が長期化する可能性が強くなったということ、ある地域から中国全土へと拡大されたということにほかならなかった。

新聞には、

「我軍遂《つい》に已《や》むなく天津市内爆撃開始」(「読売新聞」七月三〇日付)
「徹底的支那軍粉砕《ふんさい》　長期戦も辞せず　上下一致堅忍持久《けんにんじきゅう》邁進《まいしん》　近衛首相」(「読売新聞号外」九月五日付)
「南京城内の敵総崩《くず》れ　南側城壁を全部占領　残敵掃蕩《ざんてきそうとう》　凄壮《そうそう》を極《きわ》む　皇軍の戦果益々《ますます》拡

大」（「東京日日新聞」一二月一三日付）（『前掲書』）

といった見出しが並ぶようになり、戦争美談や現地ルポといった記事も急に増えて、国民の感情をあおった。そして南京が陥落した時、東京は「南京陥落万々歳　けふ《きょう》こそ帝都は祝賀一色　百万人の大行進　天も祝へよ日本晴れ」（「国民新聞」一二月一五日付）という熱狂に包まれたのであった。

しかし、「残敵掃蕩　凄壮を極む」という言葉の意味が、実は南京で日本軍が中国兵や民間人を大量に虐殺したことであったとは決して知らされず、事実が明らかになったのは日本が戦争に負けてからのことであった（中国側の死者総数については様々な数字があげられているが、二〇万人から三〇万人が殺されたであろうと考えられている）。

戦争が長引くにしたがって、日本の各地に召集令状が届き始めた。秋田県の農民新山新太郎《にいやましんたろう》はその時のことを次のように書いている。

それから「七月一一日の政府声明が出されてから」数日後、隣の柳田部落の田中勇太郎、勇次郎の両君に召集令状が舞い込んだ。これは青天《せいてん》の霹靂《へきれき》だった。満州事変、上海《シャンハイ》事変など、今までは現地部隊で事が納まっていた。しかし今回は未教育の二人の兄弟に同時に令状が来たことに、村人たちは驚き、と同時に悪い予感がさっと人々の背筋をつき走った。「戦争《いくさ》になったぞぉ!!　村に召集令状が来たぞぉ!!」人々の不吉な叫びが、除草中の田圃《たんぼ》の稲の青葉をなでて飛んで行った。……田中兄弟は、七月二十日に征途《せいと》についた。兄の勇太郎は、結婚五年とたってはいなかったし、女の子がいた。弟の勇次郎は東京の電気会社に勤めていた。二人とも補充兵であった。村で、召集令状で徴兵されるのは日清、日露戦争以来のことで、村中挙げての送別会や祈念《きねん》祭が催され、婦人会は千人針《せんにんばり》の胴巻きを作るために村中を馳《か》け回った。補充兵の田中兄弟に召集令が来た以上は、ますます戦局は拡大し、次々と動員令が降ってわくように来るのではないだろうかと思うと、兵役《へいえき》に関係のある人たちには他人事《ひとごと》ではなかった。田中兄弟の出発の日は、朝から花火を打ち上げて首途《かどで》を祝い、全村の各種団体や小学校生徒たちが日の丸の旗を持って見送った。役場前で、村長が村民を代表して征途の労をねぎらうと、田中兄弟は「元気で征《い》って来ます」と決意を述べ、やがて村長の音頭で万歳が三唱された。もうその頃から戦争に征くんだなあ、という興奮が人々を捉《とら》えていた。白布に氏名を書き入れたタスキをかけた二兄弟を先頭に、長い行列は続いた。途中幾度となく万歳万歳の怒濤《どとう》のような歓呼の声が嵐となって真夏の空を飛んで行く

（『農民私史』）

石下にもぽつりぽつりと召集令状がやってきた。青年たちはやはり盛大な見送りを受けて、中国大陸へと向かっていった。そしてしばらくの後には、「〇〇（集落名）の△△家の誰々が戦死した」*といった話も聞こえてくるようになった。

稲葉家本家当主源一《げんいち》のもとへ、所有の馬を軍馬として徴発するとの命令が下ったのは、一九三七（昭和一二）年八月のことだった。源一の愛馬大河《たいが》号は、同じ豊田村の馬四〇頭とともに中国大陸へと送られて行った。

大陸の戦争に関する情報は、途切れ途切れにしか入ってこなかった。新聞や雑誌は厳しい検《けん》閲《えつ》によって情報操作され、日本に都合のよい書き方しか許されなかったから、人々が実際を知ることはなかった。

永井荷風《ながいかふう》の目には、東京の人々の姿はこう映っている。

＊　一九三七年七月七日（蘆溝橋事件）～一九四一年一二月八日（太平洋戦争突入）までの戦死者
豊田村　八人　（昭和一三年時　三九一戸）
石下町　一一人（同左、九二〇戸）
玉村　五人　（同左、三七七戸）
岡田村　一〇人（同左、四九六戸）
飯沼村　一五人（同左、七四〇戸）

1940（昭和15）年、稲葉しん（前列右、当時18歳）

彼等は其生活について相応に満足と喜悦《きえつ》とを覚ゆるものの如く、軍国政治に対しても更に不安を抱かず、戦争についても更に恐怖せず、寧《むしろ》これを喜べるが如き状況なり（『東京都の百年』より「断腸亭日乗《だんちょうていにちじょう》」一九三七（昭和一二）年八月二四日）

確かに政府は「支那事変」と呼んで「戦争」とは言わず、「派兵」を「派遣」と言って日本の側に正義があると宣伝するばかりなのだから、一般庶民が批判的な目を持つことは難しいことであった。

農村で暮らす人々の気持ちも、荷風の描いた人々とそう大して違いはなかった。ただ一方で、今回の事変のような出来事は「外から突然やってきた災難《さいなん》・厄難《やくなん》」である、という醒《さ》めた気持ちも裏にはあったのではないかと思う。

将軍時代のはるか昔からこの時に至るまで、村人たちには様々な災厄が降りかかった。それは天災であったり、天狗騒《てんぐさわ》ぎや戊辰《ぼしん》の戦《いくさ》であったり、御一新であったりした。こうしたことは自らの力の及ばない、防ぎようのないことのように思われたから、嵐が去るのを待つように、じっとやり過ごすしか途はなかった。そして熱心に神仏に祈願し、苦しみを慰《なぐさ》めあい、過ぎてしまったことは早く忘れてしまうことが生きる知恵となって身についた。

村人たちの心の中にはいつでも、家内安全、無病息災《そくさい》、五穀豊穣《ごこくほうじょう》といった平穏な毎日、安心して働ける日々への切なる願いがある。新聞報道の威勢の良さに喜んでみたりもするが、新たな戦死者の噂に、しだいに日常がおびやかされていくような、静かな不安も広がる。

来るべき戦争への準備は、着々と進められていった。

一九三八（昭和一三）年　国家総動員法公布
　　　　　　　　　　　灯火管制規則公布
　　　　　　　　　　　綿糸布配給制規則公布
一九三九（昭和一四）年　国民精神総動員委員会設置
　　　　　　　　　　　米穀配給統制法公布
一九四〇（昭和一五）年　大都市で一〇品目の切符制実施

東京では街のネオン全廃、パーマネント禁止が叫ばれ（一九三九年〔昭和一四〕年）、「ぜいたくは敵だ」と書かれた立て看板も設置されて（一九四〇〔昭和一五〕年）、しだいに締めつけがきつくなり始めている。だが村の暮らしの中での実感としては、「少しずつ大変になるなぁ」ぐらいのもので、急激な変化は感じられなかったという。

一九四〇（昭和一五）年一月一七日、冬の寒い日にうめ（四一歳）が五女の良子《よし》を産んだ。駐在が回ってきては「生めよ、殖《ふ》やせよ」と説《と》いて、「子どもはまだか」とうるさいから生んだのだという。一七歳のしんは冷たい水に手を真っ赤にさせながら、妹のおしめ洗いに励んでいる。

遠いところの戦争は、いつの間にかすぐ足もとにまで忍び寄ってきていた。

二　戦争

昭和一六年一二月八日。凍りつくような寒い日だった。霜がまっ白におりていた。その朝の空気をふるわせて、突然、ラジオが臨時ニュースの放送をはじめた。「大本営《だいほんえい》陸海軍部発表　十二月八日午前六時、帝国陸海軍は本八日未明西太平洋において米英軍と戦闘状態に入れり」

（『昭和史の瞬間』）

とうとう戦争が始まった。

これまでも日本は、満州事変（一九三一〈昭和六〉年）をきっかけに中国大陸において軍事行動を重ね、華北《かほく》方面から南下して各地に侵攻しては、抗日勢力との激しい戦闘を繰り返していた。それは明らかに「戦争」であったのだが、日本人は中国での武力衝突ではあっても戦争とは考えていなかった。戦争というのは、一国と一国が宣戦布告をした上で戦うものだったからだ。

その間、政府、外務省、陸軍、海軍、政治家、右翼、財界、官僚たちは、日本の進むべき道について、ああでもない、こうでもないと、てんでんばらばらに自己主張を続けていた。そして激しい勢力争いの暗闘《あんとう》の末に、陸軍主導で東南アジア一帯への武力南進が決断されると、今度はそれによって国益を損なうイギリスやアメリカとの対立が激化した。だから宣戦布告にまで至った時、多くの日本人は「とうとうきたか」という感慨の中でそれを聞くことになった。

「あの十二月八日の朝、感じたことを一言で言いますと、ざまぁー見ろです」（辰野隆《たつのゆたか》）

「生きているうちにまだこんな嬉《うれ》しい、こんな痛快な、こんなめでたい日に遭《あ》えるとは思わなかった。この数日と言わず、この一、二年と言わず、我等の頭の上に暗雲のごとくおおいかぶさっていた重苦しい憂うつは十二月八日の大詔渙発《たいしようかんぱつ》とともに雲散霧消《うんさんむしよう》した」（長与善郎《ながよよしろう》）

「戦勝のニュースに胸轟《とどろ》くを覚える。何という巨《おお》きな構想・構図［大東亜共栄圏のことであろう］であろう。アメリカやイギリスが急に小さく見えて来た。われわれのように絶対信頼できる皇軍を持った国民は幸せだ」（青野季吉《あおのすえきち》）

（『太平洋戦争』）

開戦は「これまでの重苦しい雰囲気を一挙に吹きとばす、すがすがしい夜明けの到来《とうらい》」と受け取られ、「中国との泥沼の戦いに深くよどんでいた人びとの心を、たちまちのうちに洗い流した」のである（『前掲書』）。

その高揚した空気は秋田県南部の幡野《はたの》村（現湯沢市）でも同じだった。

その年も押し迫った師走《しわす》。秋田は霙《みぞれ》の降る八日であった。朝まだき摂津常会長が、五人組長の家を走り回って、「日本海軍が、ハワイを攻撃した。真珠湾のアメリカ海軍を撃滅した。勝った勝った。朝飯をたべたら、学校で戦勝祈念《きねん》大集会がある」と知らせ、組長は組下の家々に布令《ふれ》た。早朝から霙混りの雨の中を、子供たちは急いで登校して来た。午前八時から、校庭の日の丸掲揚《けいよう》場前に、全校生徒、村長、助役《じょやく》、全村会議員、軍人分会長、婦人会長、壮年団長、農会職員、金谷部落民の集合した中で、大戦奉祝《たいせんほうしゅく》国民総決起大会という長々しい名の大会が開催された。日の丸掲揚から式典が始まり、大会宣言、皇居礼拝、将兵の武運長久《ぶうんちょうきゅう》の祈念、英霊に黙祷、村長祝辞、大柴助役の怒号に似た聖戦礼賛。米英撃滅万歳を三唱して、霙の中を雨具を着ない人々は校舎や神社に逃げるようにかけ込んだ

（『農民私史』）

きっとこの日は日本中で、こうした儀式が厳粛に執り行われたことであろう。

この日、こうした儀式に参加した村の人々の胸の内はどんなものであったのだろう。村人たちにとって明治の御世《みよ》が明けて以来の「国」というのは、「村」や「家」に対して、堅苦しいことや面倒なことを上から命じてくるものであった。「村」や「家」に降りかかる厄難は様々であるが、「国」もまたそのひとつだったのである。

しかし宣戦布告という一大事は、「国」が「米英」という災厄に襲われる非常時が到来した、ということである。こう意識された時、村人たちにとって「国」は守るべきものとなり、この災《わざわ》いが去るまではどんなことがあっても耐えねばならぬ、と覚悟したのだろう。

これは米英撃滅を三唱して忠君愛国を誓う、といったナショナリズム的な感情より、古来から日本人の生活感覚の中にある「自分たちの生活世界の外に厄難を追い払えば安穏《あんのん》が得られるという、無意識的に根深く滲み込んだ厄《やく》除《よ》けの心性《しんせい》」（『徴兵・戦争と民衆』）に近いものであったと思われる。

戦争は、「いやだ」でも「うれしい」でもない、「仕方ない」という感じだったのではないだろうか。四年後、戦争が負けて終わった時、多くの農民たちの生活ぶりにはどんな変転もなく、するりと戦後が始まっていったことがそれを物語っている。

ともあれ、戦争は始まってしまった。

日本の軍隊の勢いはそれこそ飛ぶ鳥を落とす勢いで、真珠湾に攻撃を仕掛けたその日のうちに、マレー半島やフィリピンにも上陸した。一九四二（昭和一七）年一月にはマニラ（米領フィリピン）、二月にはシンガポール（英領マレー）、三月にはラングーン（英領ビルマ）を占領、蘭印《らんいん》（オランダ領インド、現インドネシア）も三月には完全に攻略された。更に太平洋上ではグアム島上陸・占領が決行され（一九四一〔昭和一六〕年一二月一〇日）、日付変更線に近いマーシャル、ギルバート諸島近くまでも進出した。こうして短期間のうちに、日本軍は西太平洋からビルマに至る広大な地域を占領下に置いたのである。

だが、日本軍が優位に立っていたのは初めのうちだけだった。

一九四二（昭和一七）年五月五日・六日のミッドウェー海戦（ハワイ諸島の北西約二〇〇〇キロ）で、日本の海軍は米空軍の急襲を受けて空母四隻、飛行機三二二機などを失い、制空海権を奪われた。八月にはガダルカナル島（ニューギニア島の東約一〇〇〇キロ）に米軍が上陸して、日本軍と激しい戦闘を繰り返していたが、日本軍は物資輸送のための船舶を次々と失って孤立し、兵士たちは敵と戦う以前に飢えて死ぬという状況に陥っていた。半年後にガダルカナル島からの撤退が始まるまでに、日本軍はこの周辺地域で多数の兵力、軍艦、航空機、船舶を失い、以後、形勢は加速度的に悪くなっていったのである。

日本国内にいる人々に正しい情報は入らなかった。新聞もラジオも日本軍が華々しい活躍をしているとの「大本営発表」を伝えるばかりで、そこに真実などはないのだった。

一九四二（昭和一七）年春。石下では一面に広がる田んぼのあちこちで、米作りのための準備が始まっていた。堅くしまった田んぼの土をなるべく深く掘り起こして、その土塊《つちくれ》をくだいておくのである。しかし、働いているのは老人と女たちばかりで、屈強《くっきょう》な体をした若者の姿はどこにもない。田起こしの時にはかつては馬が犂《すき》を引いたものだったが、今は牛がのろのろと代わりをつとめている。若い男たちが次々と村からいなくなって、残された家族への負担は重くなる一方である。田んぼや畑に入れる肥料（油かすなど）も手に入らなくなり、食糧増産どころか、今までと同じだけ収穫できるかどうかも怪しくなっている（一九四一〔昭和一六〕年末の日本の陸軍兵士は約二一〇万人。半数以上が農村出身者である）。

そして、秋になって穫れる米は二月に公布された『食糧管理法』によって、直接国に供出することになった。米は小作人から収穫高の半分を取り上げていた地主たちの手元には渡らなくなり、地主は国に安く買い上げられた米の俵数分を現金で受け取るのだ。政府が日本国中の米を管理して、国民に配給するシステムに変わったのである。

供出米の俵数は村ごとに強制的に割り当てられ、更に地区、各農家の実状に合わせて細かく割り振られた。まるで旗本のお殿様の時代に戻ったかのようだったが、その頃よりも供出量は多かった。

しんの周りでも、少しずつざわざわとした空気が広がり始めていた。

亀蔵は部落常会（毎月）に出ては、国民貯蓄や金属回収、食糧増産の強化といった話を聞いてきて、「寺の鐘もお国のために供出するらしい」と、ため息をついている。

うめは衣料切符制（一九四二〔昭和一七〕年二月より）が始まる前から綿糸・綿布が手に入りにくくなってきたため、畑の隅で綿の栽培を始めている。彼女が嫁に来てからは、くず繭から糸を取って絹の布を織ることはあっても、綿布は手間暇かけるより買った方が安かった。けれども、切符があっても店に品物がなくなってしまったのだ。うめはふわふわとした綿花を紡錘《ぼうすい》形にして手に取り、先端にヨリをかけながら糸を紡《つむ》ぎ続けている。

弟の善助は小学校の四年生、皓治は二年生。昨年（一九四一〈昭和一六〉年）四月から尋常小学校は国民学校と改称された。国民学校は「皇国の道」に沿って「国民の基礎的錬成《れんせい》」（教育勅語の精神にもとづいて皇室を支え、忠実な天皇の臣民になるよう鍛《きた》えあげる）をなすことを教育の目的としているから、このごろは教室で勉強するよりも、行軍《こうぐん》や敬礼の練習をしたり、兵隊さんへの慰《い》問《もん》文を書いたり、校外で田畑の勤労作業をしたりすることが多い。

しんの小学校の時の男の同級生たちは、去年が二十歳《はたち》の兵隊検査の年だった。今年になってからは召集令状が次々と舞い込んで、しんも何度か彼らの出征を見送った（男子三八人のうち一三人が戦死した）。

また、豊田村は茨城県が立案した満州への移民*を奨励する分村分郷移民計画の指定村（昭和

*　一九四五〈昭和二〇〉年八月の敗戦時、茨城県出身の開拓団関係者は約二三〇〇〇人、そのうち約九〇〇〇人が日本へ引き揚げるまでに死亡した。また一九四〇〈昭和一五〉年から一九四四年〈昭和一九〉年までに、県内からは四四一人の「大陸の花嫁」が渡満《とまん》したとされる。（『茨城県の百年』より参照）

一三・一四年、一一村）となっていたために、「満州で百姓をやらないか、一生懸命働けば土地が自分のものになるぞ」といった誘い文句もよく聞かれた。年頃の娘たちには、「大陸の花嫁（独身の満州開拓民の伴侶）にならないか」と声がかかることもあった。

しんも「看護婦になってお国のために働いてみる気はないかい」と誘われたが、「病人やけが人の世話をするなんて、恐ろしくていやだ」と、すぐさま断った。国から南方の戦地に従軍しろ、などと命じられたら拒《こば》むわけにはいかないのだ。女子青年団の中には、出征が決まった男とかけ込みで祝言《しゅうげん》を挙げる娘もいた。けれどもしんは「戦争に行ったら相手の男がいつ死ぬか分からないんだから、あわてることはない」と、心に決めた。農家に嫁いで亭主に死なれたら、女は婚家にも実家にも身の置き所をなくして苦労するばかりだからだ。

夫や息子を戦地に送り出した女たちは、お札《ふだ》やお守り、千人針《せんにんばり》（出征兵士の無事を祈るために、千人の女が一針ずつ、布きれに赤い糸で縫い玉を作って贈ったもの）などの厄除《やくよ》けを持たせるだけでは気が安まらずに、あちこちの神や仏に「どうか無事に帰ってこられるように」と、熱心に手を合わせてたのんでいる。女たちにとって戦争は、嵐や日照りといった人間の力では防ぎようのない天災にも似た災《わざわ》いと映《うつ》っていたから、我が子、我が夫が悪疫《あくえき》から逃《のが》れられるように祈るばかりであった。

六月に入り梅雨《つゆ》空の下で田植えが始まろうという頃、東京浅草の小三郎から亀蔵宛に電報が届いた。せい子の具合が悪いから会いに来てほしい、という。今度は相当悪いようだ。

せい子が病気になって亀蔵が呼び出されるのは、今回が初めてではなかった。せい子は小三郎とゲンに何不自由なく大切に育てられていたが、小さな時から体が弱かった。よその子どもなら軽くすむ病気でもせい子は長く寝込み、小三郎はそのたびに万が一を考えて亀蔵に知らせを送った。彼女は「どうしてわたしの具合が悪くなると、いなかの叔父さんが来るの」と、不思議がったという。今、せい子の身を蝕《むしば》んでいるのは肺結核《はいけっかく》である。小三郎は、せい子が宝塚歌劇団に夢中になって、友だちと宝塚の雑誌を貸し借りしているうちに相手の結核がうつったのだ、と言う。

しんは戦争が始まる前に、小三郎のうちに遊びに行った日のことを思い出していた。浅草松屋の食堂でせい子と二人でのり巻きをたのんだら、米の代わりにそばを巻いたのり巻きが出てきて、驚いて顔を見合わせてしまったものだ。代用品やもの不足の時代に入っていたのだから、一九三九（昭和一四）年か一九四〇（昭和一五）年のことであったろう。あの頃せい子はまだ少しは元気で、宝塚の好きなスターのことを楽しそうに話していた。家でくつろいでいる時に、しんの足を見て「わたしとよく似ているわねぇ」などとつぶやいて、しんをどぎまぎさせたこともあった。親戚のお姉さんとしか名乗れないのは、苦しいことだった。うめはせい子を東京のようなほこりっぽいごみごみしたところにやったことを悔やんだ。この家で大きくなれば、肺病なんかになることもなかったろうに。何もしてやれないことが、ひどく情けなかった。

一九四二（昭和一七）年六月二七日、せい子は息を引き取った。まだ人生のとば口に立ったばかりの、一八歳という若さだというのに。

一九四三（昭和一八）年になった。戦況はかんばしくなく、山本五十六《いそろく》が戦死した（四月一八日）、アッツ島（ベーリング海、アリューシャン列島）で二五〇〇人が玉砕《ぎょくさい》した（五月二九日）、という報道は日本人の士気を翳《かげ》らせた。

小三郎もゲンもせい子がいなくなってから、気持ちの張りを失って淋しい思いをしていた。小三郎が本豊田の勘助のところへ来た時、しんに「東京へ来るかい」と声をかけたのは別段深い考えがあってのことではなかった。小三郎としても、まさか亀蔵の娘を二人も養女にもらえるとは思えなかった。しかし、しんはそれを聞いた時、無下《むげ》に断る気にはなれなかった。むしろ、「東京へ行きたい」という気持ちが強く湧いてくる。確かに今、日本は戦争中である。けれど若い娘にとって、東京という町が魅力的であることに変わりはないのだ。

うめは心配で行かせたくなかったが、しんには母親の気持ちを慮《おもんばか》ることはできなかった。今までは勝手を言ったり逆らったりすることのなかったしんも、今回は小三郎のところへ行くと決めて譲らなかった。彼女が野村小三郎・ゲン夫妻の養女として入籍を果たしたのは、朝晩の風もめっきり冷たくなった一一月五日のことであった。

あわただしく年の瀬が過ぎ、一九四四（昭和一九）年が明けた。もうその時分の浅草はずいぶんひっそりとしていた。

江戸の昔からの古い歴史を持ち、関東大震災にもみごとな復興をとげた浅草は、永い間庶民の盛り場として大いににぎわい、「昭和十年代［一四年頃までか］には、日曜祭日の人出は、天気がよければ五、六〇万人だった。平日には二〇万人が浅草へきていた」（『浅草物語』）と、いわれるほどであった。

映画（無声からトーキーへ）、芝居《しばい》小屋、見世《みせ》物《もの》小屋、寄席《よせ》、浅草オペラ、剣劇、女剣劇、カジノフォーリー（レビュー）、笑いの王国（お笑い劇団）、サーカス、松竹少女歌劇、カフェー、喫茶店、安くて旨《うま》い食べ物屋、屋台、露天商、飲み屋、料亭、吉原遊郭《ゆうかく》……。公明正大な店からいかがわしい店まで、ありとあらゆる娯楽がそろっていた。そして季節の折々に観音様《かんのんさま》の周辺では、はごいた市やほおずき市、お富士さんの植木市などが立ち、三社祭《さんじゃまつり》には大勢の見物人で、仲見世あたりは押すな押すなの大混雑になったものだった。

けれども一九四〇（昭和一五）年頃から、様々な規制*を受けるようになった。『浅草物語』には当時の様子がこんなふうに描かれている。

……やがて、食糧不足がひどくなった。戦時文化統制の強化でマイクロホンは電気で声を拡大する卑怯《ひきょう》な道具だから、日本人は使ってはいけないなどの、無茶苦茶な統制が実行された。食物と娯楽の両面と、兵隊や軍需《ぐんじゅ》工場に強制的に連れて行かれる徴用《ちょうよう》で、浅草へ遊びにくる若者がへって、公園一帯はさびれだした。……その頃〔開戦〕からは、昼間から公園六区などで遊んでいると非国民といわれるようになった。浅草の本願寺でおこなう一日軍事教練の観閲点呼《かんえつてんこ》にかりだされた在郷《ざいごう》軍人たちが、木銃をかついで「おいち、に、おいち、に」と、六区の映画街を行進すると、芸者や女給が道の両側で、馴染《なじみ》客を応援して、飴《あめ》玉やブッカキ氷をサービスした

小三郎の家のある浅草区吉野町《よしのちょう》（現台東区東浅草）あたりの店もほとんどが戸を閉めたまま

＊　一九三九年九月一日　初の興亜奉公日、以後毎月一日に酒不売、ネオン消灯、勤労奉仕などを実施

一九四〇年三月　不敬にあたる芸名、外国風のカタカナの芸名を改名するよう通達

六月　大都市で米、味噌、醬油、塩、マッチ、砂糖、木炭など一〇品目の切符制実施

八月　東京府で食堂などの米食を禁止

九月　講談落語協会、艶笑《えんしょう》物、博徒《ばくと》物、毒婦《どくふ》物、白波《しらなみ》物の口演を禁止

一〇月　東京のダンスホール閉鎖

で、酒を飲んで騒いだり、大きな声で笑ったり、好きな歌を歌ったりするような姿は見られなくなった。みんな息が詰まるような毎日に耐えている。

それでも三味線《しゃみせん》の音色《ねいろ》や小唄がどこからともなく流れてきたり、昼間はもんぺをはいていた奥さんが、夕方になると粋《いき》な浴衣《ゆかた》姿で下駄をカタカタいわせながら風呂屋へ向かう姿などは、いかにも浅草だった。

二一歳にもなって養女となったしんに、小三郎もゲンも、ゲンの母親のりょうも優しかった。小三郎は商人らしい物腰の穏《おだ》やかな人であったし、ゲンも気持ちに裏表のないさっぱりした人だった。彼らはすでに六一歳と四八歳になっていて、小さな子どもを再び育てるだけの体力も気力もなかったから、しんを養女にした時、いずれは婿をとってみんなで仲良く暮らせればいいと考えていた。りょうも素直で純朴なしんを以前から気に入っていて、暇をみては和裁の手ほどきなどをして可愛がっている。

しんは戦争中ではあっても、東京にいられるというだけでうれしかった。だから、女子挺身《ていしん》隊《たい》として勤労動員されることになっても、いやだとは思わなかった。たとえ一方的な国の命令でも、若い娘ばかりが大勢集まっているところで働くことは、それはそれで新しい世界をのぞき見るような感じがしてうれしかったのだ。

しんは白鬚橋《しらひげばし》際の俳優学校のビルの中で、それが何の部品なのか、機密だということでよく分からなかったが、何かの部品を一生懸命作り続けた（その後敗戦までに勅令や法令によって動員は強化され続ける。敗戦時の女子挺身隊は四七万二〇〇〇人）。

浅草ではいくつかの演芸場だけはまだ開かれていた。そこは漫才や漫談などで大笑いしたり、人情話に涙したりして、日頃の憂《う》さを晴らしたいという人々であふれている。けれども浅草らしい安くて旨い店は姿を消して、六区周辺に雑炊《ぞうすい》食堂が五軒と大衆酒場が何軒かあるだけというさびれようである。建物疎開《たてものそかい》（防空上支障があると判断された建物を強制的に潰《つぶ》す）や人員疎開（農村部に転居する）、学童疎開も始まって、東京の日常は少しずつ壊《こわ》れていった。

新聞が、南方で日本軍が激闘を重ねていると盛んに伝えるようになったのは、六月も中頃のことであった（「読売新聞」）。

「敵・サイパンに上陸企図《きと》　再度水際に撃退す　三度来襲、今なほ激戦中」（六月一七日）

「開戦以来の最重大戦局　全力挙げて敵撃砕《げきさい》　血は躍る！前線の敢闘《かんとう》」（六月二四日）

「今ぞ知らせ日本の怒り　敵の鉄量下〃武器なき戦士〃も協力　サイパン全島火の玉激闘」

（六月二八日）　　　　　　　　　　　　　　　　（『新聞集成　昭和史の証言』）

そして六月二〇日の大本営発表は、日本軍の戦果を華々しく報じた最後に、「我方《わがほう》船舶、飛行機に相当の損害あり」とつけ加えた。どうも南方では大変なことが起きているらしい、と感じた人は多かった。しかし、日本が受けた「相当の損害」がどれ程のものであるかは、誰にも分からなかった。

実際のところは、日本軍が一度は日本の領土であるとした南方の各地は、アメリカ軍の攻撃によって次々と奪回《だっかい》され、そこを基地として反撃され続けていた。六月一五日にはアメリカ軍がサイパンに上陸した。一九日、二〇日にはマリアナ沖（サイパン・テニヤン・グアムを含むマリアナ諸島西の海域）で、太平洋戦争中最大といわれる日米艦隊決戦が展開された。

この時日本軍は空母三隻、艦載機《かんさいき》（航空機）約四三〇機を失って惨敗《ざんぱい》した。またアメリカ軍に征圧されたサイパンでは、日本軍守備隊三万人が玉砕し、民間人も一万人が死亡していた（七月七日〜七月一六日）。

さらに一〇月、フィリピン沖でのアメリカ軍との激しい海戦で（フィリピン沖海戦あるいはレイテ沖海戦という）、日本軍は空母四隻、戦艦三隻ほか二六隻、航空機二一五機を失い、潰滅《かいめつ》状態に陥った。それに対して大本営発表は、「我方の損害　戦艦沈没及中破各一隻の外《ほか》若干の自爆及未帰還機あり」（一〇月二六日付）といったものだった。

男たちは次から次へと戦場へ行き、白木の箱に入って帰ってくる。外国からの輸入は途絶え、食料品や日用品の欠乏は甚だしい。政府は一億総武装を決定し、国民の危機感をあおる。

この頃国内にいる人々は、どんな気持ちでいたのだろう。「だんだん大変になるなぁ、この先いつまで辛抱すればいいんだろう」とため息はついていても、「最後は負ける」と確信していた人は少なかったであろう。かりに「負けるかも知れない」という不安を抱く人がいたとしても、近代日本は今まで戦争に負けたことがなかったため、最悪の事態への具体的なイメージは持ちにくかったであろう。世間の人々というのは、どんなに悪い条件の下《もと》で生活することを強いられても、悲観したり絶望したりしながらも「こんなに悪いことばかり長く続くわけはないさ」という楽観を心の奥にしまって、自分を支えているものだからだ。けれども、マリアナ基地を中継地として米軍機B29が日本本土に飛来するようになった時、最悪の事態への幕は切って落とされたのである。

B29が初めて東京上空に姿を現したのは、一九四四（昭和一九）年一一月二四日。それから一二月三一日までに計一五回の空襲があり、死者六〇四人、負傷者九三四人を出した（罹災人口一万六四二三人、罹災家屋五〇四〇戸）。大晦日《おおみそか》の夜は午後九時四四分に神田・本郷・下谷《したや》・本所・向島《むこうじま》が襲われ、一四三六個の焼夷弾《しょういだん》によってたくさんの家が焼かれた。そして時計が夜中の一二時を回り、一九四五（昭和二〇）年に足を踏み入れて五分後、今度は下谷・浅草・本所・向島方面に七七三個の焼夷弾の雨が降った。

隅田川の両岸が執拗《しつよう》にねらわれ始めた。空襲警報、警戒警報が日常茶飯事となって、人々はそのたびに空を見上げたり、防空壕《ごう》に飛び込んだりするようになった（一月、二月の空襲一九回、死者一三三八人、負傷者二一七八人、罹災人口八万八〇八九人、罹災家屋二万四一九三戸、焼夷弾は建造物を焼き払うための薬剤を入れた投下爆弾）。

一九四五（昭和二〇）年に入ってから、東京は危険の中にささやかな平穏がある、という町になっていた。けれども地方に疎開するつてのない人々は東京に居続けるしかなく、小三郎もゲンもその母りょうも、住み慣れた吉野町を離れる気はなかった。しんも本豊田に帰ろうとはしなかった。それは野村の養父母への義理ということも少しはあったが、一年間あまりの東京暮らしで、消費する町と生産する村との暮らしの違いを肌で感じて、泥まみれになって働き続ける毎日には戻りたくなかったのだ。これは娘の身を案ずるうめへの、無言の自己主張であったのだろう。

三月九日の夜がきた。

この日は午後一〇時三〇分に一度警戒警報が出されたものの何事もなく、東京の町は再び静かな夜を迎えていた。その時太平洋上には、マリアナ基地（うちサイパン・テニヤン・グアムの三島）から飛び立ったB29三三四機の大編隊が日本を目指していた。

一番機が東京上空に姿を現したのは三月一〇日午前零時過ぎ、すぐに焼夷弾投下が始まった。零時八分深川区、零時一〇分城東区、零時一二分本所区、零時二〇分浅草区。その後は牛込区、本郷区、下谷区、日本橋区、麹町区、芝区と広い範囲にわたって焼夷弾が落とされた。

特に、深川区、城東区、本所区、浅草区は、投下した焼夷弾によって四方を巨大な火の壁で囲み、逃げ道をふさいでから更に焼夷弾を投下するという残忍《ざんにん》な方法によって、またたく間に火の海となった。浅草区北部の石浜町、今戸《いまど》町、吉野町、日本堤《にほんづつみ》の人々は、初め風上《かざかみ》の南千住《じゅ》か吉原《よしわら》方面に逃げようとしたが、強い北風と火に追われて進めず、隅田川方面や馬道《うまみち》から言問橋《とといばし》方面に流れていった。日本堤に住んでいた主婦は、その日の晩のことを次のように書いている。

「空襲――ッ、空襲――ッ敵機来襲――ッ敵機来襲――ッ」突然男たちのはげしい叫びと、ばたばた走る足音が、遠く近く入り乱れて、女子どもの叫び声とが夜のしじまをいっせいにやぶった。警報なしのこの騒ぎに、主人は戸外へ飛び出て見るなり「おい、吉原、下谷の方を見てごらん。火の海だよ」と言ったので、私は吉原、下谷方面を見ると、日本堤とは道一つへだてている薬局が、天にも、とどくかと見える猛火につつまれ、その炎が渦巻いてたけり狂っていて、その後方一帯、吉原、下谷、上野、浅草と全部火の海に見え、火は空を舞い地を這《は》って見えた。……高射砲《こうしゃほう》が百雷《ひゃくらい》のごとく轟《とどろ》き、空には探照燈《たんしょうとう》がいく筋も綾《あや》をなし、敵機を挟《はさ》んでその光の中の敵機が、くっきりと赤く黄色く見える。敵機の爆音や、ザラザラシャーッシャーッシャーッと、異様な音と同時に、敵機の胴腹から花火のような火の粉のような焼夷弾を、家並みの上空へ無差別にふりまく。北北西の風がだんだん強くなってきた。下谷、吉原方面より吹きつける火の粉や、灰燼《はいじん》で目も開けていられないほど。こんなとき防空壕なんて入る気がしない。みんなどんどん逃げ出すほかはなかった。主人の引くリヤカーの後ろから私は「南千住の焼跡、南千住の焼跡」と口ばしりながらいそいだ。……私たちの住いを出て、左へ行くとすぐに下谷。吉原方面より田中町の通りをぬけて吉野町や、山谷《さんや》、隅田公園、隅田川に通じる通り。この通りを横切って行けば南千住の焼跡へ行くことができる。主人と二人でこの通りまで来たとき、吉原、下谷方面からの避難民が通りを埋めつくして、洪水のようにどんどん流されて行く。その足の早いこと。どこにこのように人がいたのだろうと思うほどの人びと、みんな防空頭巾《ずきん》をかぶり、そのすさまじい叫びは、後から後から押し出され、ピューピュー、と吹きまくる北北西の風がその叫び声をかきまわし、幼げな子供たちはその人の波にのまれていってしまう。多くの学童は疎開して行ったというのに、家族にはぐれた多くの幼子《おさなご》が、小さな防空頭巾をかぶり、こけつまろびつ、「おかあちゃーン」「お父ちゃーン」「お姉ちゃーン」と小さな姿は押し流され、力つきつつも、絞り出すような叫びが後から後からつづき、大人たちは声をかぎりに子どもたちの名を叫び、そのすさまじい叫びはこの世の声とは思えない。後から後から風下《かざしも》へ風下へと押し流されていく避難民の中を、やっと横切って進んだ。後になってわかったことは、この道を横切ったので私たちは助かった

（『東京大空襲・戦災誌』日本堤三丁目、川島裕子）

しんが隣近所のザワザワとした物音に目を覚ました時、すでに空襲は始まっていた。この日、養母ゲンは日本堤にある母りょうの家に泊まりがけで遊びに行っており、家にいたのはしんと小三郎、叔父（うめの弟）の真吾《しんご》の三人だった。しんがどうしたらよいかとうろたえていると、玄関の外に焼夷弾が落ちた。オレンジ色の火を激しく吹き上げているのがガラス越しに見える。外に出るとあちこちで火の手が上がっている。

小三郎は消防団の仕事をするために火の中へ出て行った。火事が発生したら必ず消火につとめるべし、という防火義務が「防空法」で定められていて、その責任を果たさねばならなかったのである。

偶然用事があって泊まっていた真吾は、やおら起きてくると家の周囲を見渡して、今日の空襲はいつもと違う、と判断したようだった。彼は台所に行き、コップの水を一杯グイと飲み干し、手早くゲートルを巻いた。そして、今のうちに風上に逃げなければ死ぬ、と言う。二人は手荷物だけを持って、人の流れに逆らいながら知らない道を北へ北へと走った。そして気がつ

いたら南千住のガスタンクのそばにいた。
先の主婦川島裕子も同じように北へと逃げた。

南千住の焼跡へついてみると広々とした焼跡が線路の土手にそって黒々とあった。避難民が荷物によりかかって、じ——っと恐怖にたえていた。東南方面の街や空が真赤に燃え、敵機が地上の火に反射して真赤に見えた。火のかたまりが高く飛び散っている。天と地が一緒に燃えている。日本中が燃えつきるのではないかと思った（『前掲書』）

夜が明けた。
しんと真吾は吉野町へ向かった。浅草は焼き尽《つ》くされ、一夜にして廃墟《はいきょ》となっていた。

……外に出て驚いた。目に映るのは、ゴロゴロとしているむごい焼死体。着ている物はもとより、性別さえわからないくらい、黒焦《こ》げになった死体、皮がむけて、内蔵の出ている死体、それが人間であるのかと、疑いたくなるようだ。その中で、私が今でも身震《みぶる》いがするほど記憶にあるのは、母親の死体が焼けて、お腹が破れ、赤子がとび出ているのを見た時のことだ。学校と家の間は普通なら五分ぐらいで行けるのだが、アスファルトの道は、

回りのほてり、熱のために、グニャグニャになって、とても歩けない。とても無理なので、また学校に引き返した。その夜は、落ちつかないまま、学校で一夜を過ごした。次の日の朝、疲れた身体を引きずりながら、家の焼跡に行ってみた。何もない、本当に何もない。焼けた家は、きれいさっぱり灰になって、真っ平らになっている。家に行くまでに、昨日と同じく黒焦げの死体をたくさん見た。おびんずるさんのようになった死体など見ても、もういやだとも思わなくなっていた。あまりの恐ろしさのためだろう。あたりは、死体から流れ出ている人間の脂、焼跡の臭いでいっぱいだ。警防団の人びとが、死体をかたづけていた。一人一人、ていねいにしてはいられないらしい。トラックに、まるで屠殺された牛か豚のように、シャベルで山に積まれていくのを見た

（『東京大空襲・戦災誌』浅草区桂町〔現蔵前〕
小池喜美子）

浅草馬車道付近の焼跡　出典：石川光陽『東京大空襲の全記録』(岩波書店)より

吉野町は影も形もなかった。家はいったいどこにあったのか。うろうろしているうちに小三郎と会うことができた。けれども、ゲンもりょうも、りょうの家に遊びに来ていた親戚の娘と赤ん坊も、戻っては来なかった。それから毎日四人の遺体を捜してあちこち歩き回ったが、とうとう判らずじまいのまま、唯一ゲンの姿を言問橋の西際で見たという人がいて、そのあたりで亡くなったのだろうと推察された。この言問橋の周辺では、橋の両岸から対岸へ逃げようとする人々がぶつかって、七〇〇〇人あまりが死亡したと言われている。

　一夜の空襲で東京の四割が茫々《ほうぼう》たる焦土《しょうど》と化した。警視庁はこの日の被害を以下のように発表している（当時は非公開、「東京空襲を記録する会」は推定一〇万人の命が失われたとしている）。

死者　　　八万三七九三名
傷者　　　四万　九一八名
罹災者　　一〇〇万八〇〇五名
焼失家屋　二六万七一七一戸

浅草区は「区内全家屋焼失、観音全焼、松屋二、三階全焼、伝法院《でんぼういん》残ル」（三月一〇日　帝都防空本部情報）という有様となり、一万一一九〇人の死者と三八四三人の負傷者を出したのだった。

それから小三郎としんが本豊田にたどり着くまでに、何日ぐらいの日が過ぎたのだろう。帰り着いた時、とにかく二人は疲れ切っていた。本豊田は家々も、田も畑も遠くに見える筑波山も何も変わっておらず、ゆったりと時が流れている。あの東京の惨事《さんじ》が夢のようだ。しんは近所の人に「何でもなくてよかったねえ」と言われて、初めてこらえていた緊張の糸が切れた。

「みんな死んじゃったんだようっっ」

そう言うなり涙があふれて、わあわあと泣き続けた。

小三郎は憔悴《しょうすい》しきって、うつろな気持ちのままなかなか立ち直ることができなかった。六二歳にして何もかも失ったのだ。それは妻や家を失ったというにとどまらず、小僧の時代から始まる東京という町との思い出や歴史といったものすべても、無くしてしまった感じであったろう。廃墟《はいきょ》の東京で再び空き樽屋を始める気力は、もうなかった。

うめはしんや小三郎に少しでも旨いものを食べさせようと腐心《ふしん》しているが、特に何を言うわけでもなく、いつもと同じように朝から晩まで働いている。春になれば田んぼや畑がもっと忙しくなるだろう。

一九四五（昭和二〇）年八月一五日。正午にラジオで大事な放送があるという。その時間、ラジオのある家に近所の人々が寄った。聞き取りにくい声の主は天皇であった。しんには何を言っているのか理解できなかった。そばにいた男の人が「負けた」と言った。夏の暑い日の正午、日本中のそこかしこでこうした光景が繰り広げられていた。すべての人々が動きを止めて、まるで日本中がシンと静かになったようだった。

戦争は負けたのだ。

だが「終わった」という安堵《あんど》も深かった。

村人たちは三々五々家に戻って粗末な昼飯を摂《と》った。盆の最中なので仕事には出ない。午後は客とこれからいったいどうなるのだろう、などととりとめなく話しているうちに暮れた。明日盆の送りをすませれば、田んぼには稲がそよいで田の草取りが待っている。畑ではとうもろこしが実り、白菜の種播《ま》きも間近かだ。やるべき仕事はいっぱいある。

世の中はこれからどうなるのか、自分たちの暮らしが壊されることはないのか、村人たちには考えても分かりようがなかった。

けれども、食うものさえあればどうにかなる。なんとか生きていける。今までだってずっとそうだったんだ。――村人たちはみな、そう思った。

一二　再び、新しい世の中

一九四五（昭和二〇）年八月三〇日、連合国最高司令官マッカーサーが厚木に到着した。そしてその日のうちにGHQ（連合国最高司令官総司令部）も設置され、マッカーサーとGHQによる日本の占領統治は始まった。天皇の声がラジオから聞こえたあの日から、一五日目のことである。この新しい統治者たちは、息つく暇もないほどに次々と新政策を指令・命令として出し、あるいは覚書として交付し、時に法律として公布した。日本国民は鬼畜米英《きちくべいえい》と教えられてきたアメリカ人たちがどんなことをやろうとしているのか、固唾《かたず》をのんで見つめているといったふうだった。

九月一一日　GHQ、東條英機ら三九人の戦争犯罪人の逮捕を命令
一〇月一一日　マッカーサー、幣原《しではら》首相に民主化に関する五大改革を指令
(1)選挙権付与による日本婦人の解放
(2)労働組合の結成奨励
(3)より自由な教育を行うための学校の設置
(4)秘密警察等の廃止
(5)日本の経済機構の民主化
一〇月一三日　国防保護法、軍機保護法、言論出版集会結社等臨時取締法などの廃止の件

公布

一一月六日　GHQ、日本教育制度に対する管理政策を指令（軍国主義的・超国家主義的教育を禁止）

一一月六日　GHQ、持株会社解体に関する覚書を発表（財閥解体）

一二月一日　陸軍省・海軍省廃止の件公布

一二月一七日　衆議院議員選挙法改正公布（婦人参政権・大選挙区制などを規定）

一二月二二日　労働組合法公布（団結権・団体交渉権保障を規定）

一二月三一日　GHQ、修身・日本歴史及び地理の授業停止と教科書回収に関する覚書を交付

なかには農村の人々に深く関わる「農地改革に関する覚書」（一二月九日付）といったものも含まれていた。これは一二月二九日には農地調整法の改正（第一次農地改革、一九四六〔昭和二一〕年一〇月二一日より第二次農地改革）となって現実化し、全国の小作地の八割に相当する一九四万町歩が四七五万戸の小作農民の手に渡ることになった。

まるで七七年前の御一新の時と同じように新しい決まりが次々と降りてきて、今までの国の決まりは良くないものと排斥《はいせき》されていった。ただ彼《か》の時と違うのは、村人たちが新しい政策や

法律などに圧迫感や抵抗感を抱くより、おおむね「良きもの」として受け入れ、とりわけ農地解放は歓呼の声で迎え入れたのであった。

戦争が敗けて終わった時、日本人のほとんどが安堵《あんど》感や開放感と裏腹に、挫折《ざせつ》感・困惑《こんわく》感・脱力感といった感情を抱え込んだ。とくに青年たちの心には強い虚脱《きょだつ》感や懐疑心《かいぎしん》が広がり、すさんだ生活を送る者も多かった。けれども農村の人々はそうした感情の中からいち早く立ち直った。国の大事が去るまではどんな苦難も耐えねばならぬ、という決意も、戦争が終わってしまえばもはや必要ない。

その上、大きな犠牲を出して戦争には負けたけれど、たくさんの小作地が解放されることになった。悲しいけれどもうれしい、という複雑な心境の中で、村人たちは過ぎてしまったことに感傷的になるより、現実的な喜びの方に未来を託した。自分の田畑が持てると言うことは、家が安泰《あんたい》に保てる、家も村も豊かになるということだった。そしてこの農地解放と引き替えに、村人たちはこれまでのことについて政府に批判がましいことを言う口を閉じたのだろう。農地解放は、国と農村に互いに「貸し」のある関係を作って今に至っているように思う。

また、「過ぎてしまったことはあとからとやかく言わない」という身の処し方は、今次の戦争について、深く顧《かえり》みることがないままに過ぎてしまったこととつながっていると思う。それは戦争というものが、「自分にはかかわりなく、嵐のように外から襲ってくる理不尽な災難」のように思われたことや、国が村という小さな社会やそこに住む人々に「戦争すると決めた」と言うから命令に従ったまでのことだ、と受け止められてきたためなのだろう。

考えてみれば、村や人に対していつでも上から一方的に言うことを聞かせようとしてきた、というのがこの国の近代だった。村人は自分の村の約束ごとに対しては義務も責任も負い、協力もすれば反対もし、時には諍《いさか》ったり反省したりしながら暮らしている。村の社会に参加しているからである。けれど国の起こした戦争には責任の負いようがないし、反省もしようがない。だから、戦争という国難に耐え忍んできた自分たちが、一方では日本の侵略戦争を下から支えたなどとは考えられない。自分にも悪いところがあるなどと、どうして考えられるだろう。

そして、「祖国のために」「家族のために」という気持ちで戦場へ向かった父や夫や息子たちの心情を思えば、日本こそが他国の人々にとっては疫病神《やくびょうがみ》だったと認めるのは、あまりに苦しすぎる。

こうした感情は農村に限らず日本人全体に底流して、受けた被害を嘆《なげ》く以上の視点は持ち得なかったように思う。今では戦争はすっかり昔のこと、長い歴史の中の一こまに過ぎなくなってしまった。

一九四六（昭和二一）年四月、石下地域の農地改革が始まった。

第一次農地改革だけでは不十分であるとして第二次農地改革が実施されると、不在地主の所有する小作地の全部、在村地主の所有する平均一町歩《ぶ》を超える小作地などが政府によって買い上げられ、実質的な耕作者である小作人たちに解放されていった（有料、政府買上価格と同価）。茨城県結城郡の場合は、在村地主が保有できる小作地は一町一反《たん》まで、自作を兼ねた地主は自作地と小作地の合計が三町七反を超えてはならないこと、となった。大地主だった者たちはその制限の厳しさに「取られた！」と嘆息したが、特別激しい抵抗もせずに土地を手離していった。

亀蔵とうめも、長い間小作を続けてきた三反歩の田と二反五畝《せ》ほどの畑が自分のものになった。それはどんなにうれしいことであったろう。うめやしんが丹精《たんせい》して米を作っても半分は地主に渡さなければならず、残りだけでは食い扶持《ぶち》に足りなくて、米屋から買ってきたりしたものだった。しかしこれからは、収穫した分はみな自分たちのものなのだ。

こうして、農地改革前の豊田村の自作地二〇六・〇町歩と小作地二二五・一町歩は、一九五〇（昭和二五）年には自作地三七四・六町歩、小作地五五・一町歩となり、小作地率は五二・二％から一二・六％へと減少した。

世の中はあちこちで古いものと新しいものとがせめぎ合って、混乱していた。

ＧＨＱによって公職追放の指令が下ると、戦時中に町村長や助役などの要職に就いていた者たちも戦争協力者として責任を問われ、豊田村の村長と助役もその座を追われることになった。

新しい町村長は公選によって選ばれ、豊田村では塚本嘉一郎が村長に就任した（一九四七〈昭和二二〉年四月五日）。

また、この四月には第一回参議院議員選挙、第二三回総選挙も行われ、満二〇歳以上であれば女たちにも選挙権が与えられることになった。結城郡では選挙を体験したことがない女性有権者のために啓発指導班を編成して、「投票用紙の書き方から、投票場における順序、心得、各党の主義・綱領《こうりょう》等について懇切《こんせつ》に指導」（『石下町史』）したという。女たちが新しい時代が来たことをなにより強く感じたのは、この時だったかもしれない。学校は、一九四七（昭和二二）年三月三一日に国民学校が廃止され、翌日の四月一日から新学制による小学校・中学校としてスタートした。一八九〇（明治二三）年以来学校教育の基本、人の道の規範とされていた教育勅語の謄本《とうほん》は前年に全国の学校から回収され、天皇尊崇《そんすう》のシンボル御真影《ごしんえい》も人知れず撤去されていた。さらに五月三日からは日本国憲法が施行（一九四六〈昭和二一〉年一一月三日公布）され、他のたくさんの法律とともに国中から「忠君愛国《ちゅうくんあいこく》」「尽忠報国《じんちゅうほうこく》」的なるものが放逐《ほうちく》されようとしていた。

農村には復員者が帰還して、労働力不足もしだいに回復し始めた。農地解放は人々の気持ちを明るくさせ、働く意欲を生み出していた。その陰で戦死者*を出した家々の悲しみや無念さは、それぞれの胸にひっそりとしまわれた。

一九四八（昭和二三）年が明けた。

しんは一九四五（昭和二〇）年三月一〇日に命拾いして本豊田に帰り着いてから、また以前と同じようにうめといっしょに働いていた。同年代の男たちは戦争によって少なくなってしまい、しんはいつのまにか二六歳になっていた。

ある日、しんに縁談がきた。相手は大房《だいぼう》（旧石下町）のこんにゃく屋木村家の親戚で、東京で会社勤めをしている木村勢司《せいし》という二七歳の男だった。本豊田の稲葉家と大房の木村家とは縁が深く、はるの叔母（父庄三郎の妹）と異母妹が嫁《か》しており、縁が遠くならないように適当な相手がいたら結婚させよう、という話になったのだという。

しんも親元で厄介《やっかい》になっているにはぎりぎりの年齢だった。村で女がずっと一人でいること

＊一九三七（昭和一二）年、日中戦争〜一九四五（昭和二〇）年八月一五日までの戦死者数（『平和への祈り』より参照）

旧石下町	二一五人
豊田村	一一五人
玉村	七一人
岡田村	一二二人
飯沼村	一八二人　合計七〇五人

1948（昭和23）年、稲葉しん、木村勢司結婚式（当時26歳）

などあり得なかった。しんは相手の男が手堅い電気会社のサラリーマンであることが気に入って、この話を受けることにした。大房の家でささやかな婚礼の式を挙げたあと、東京の葛飾《かつしか》にある木村家に嫁《とつ》いでいったのは春の頃だった。

それから四、五日たった夜中。うめはしんの声に目を覚ました。障子を開けたらしんが立っていた。うめはてっきりしんが逃げだしてきたと思ったが、聞けば木村の家には米が一粒もなくてもらいに来たのだという。木村の家には夫となった男の他に、男の母親と弟と妹が同居していて、配給される米だけではとうてい足りず（米は自由に買うことができない）、男の母親が「明日から食べる米がない」と言うから、これは「米を持ってこい」ということだろうと思って、出かけてきたのだった。

うめは米を布の袋に入れて、しんの腹と腰にくくりつけてやった。しんは上手に太った女に化けて、明け方帰って行った。食糧の配給制が解除されるまで、こんなふうに何度も里帰りした。せっかく運んできた米を、取手《とりで》の駅でヤミを取締まる警察に摘発され、没収されたこともあった。こうしてしんの結婚生活は、本豊田では味わったことのない「食べるものがない」というところから始まったのであった。

一九四八（昭和二三）年秋深く、しんに小三郎危篤《きとく》の電報が届いた。小三郎は東京が丸焼けになって以来吉野町には戻らず、父親の勘助のいる瓦屋と亀蔵の家（道を隔てて対面している）を行ったり来たりしながら所在なげにしていたのだが、しんの祝言の頃には耳の後ろに大きなふくらみができていて、少し具合が悪そうだった。けれども医者に行ったり、薬を飲んだりすることもせず、炎がしだいに細く小さくなっていくように静かに命を閉じた。六五歳だった。家族も家も仕事も失い、無一文になってしまった小三郎にとって、戦後を生きることは苦しいことであったに違いないから、病むことも死ぬことも安らかに受け入れたのであろう。

それから毎年のように誰かが亡くなり、しんはそのたびに常総線《じょうそうせん》に揺られて里帰りした。一九五〇（昭和二五）年には八九歳の勘助が息を引き取った。勘助は息子小三郎の最期《さいご》を看取ったあと寝たきりとなり、はるが何から何まで面倒を見てあの世に送った。

次の年、一九五一（昭和二六）年には勘助の息子福雄が逝《い》った。福雄はまだ四六歳という若さであったが、若い頃に肋膜《ろくまく》を患《わずら》ったことが尾を引いて、それが命取りになった。

更に翌年には亀蔵が持病の心臓病を悪化させて亡くなった。五六歳だった。亀蔵の心臓は戦争中には大分弱っていて、二男の善助《ぜんすけ》に荷台を押してもらわなければ、一人で自転車をこぐこともできなくなっていた。医者に診《み》せても治るような病ではなく、ただそっと放っておくしかなかった。

はるはよくよく気落ちしてしまった。三年の間に夫と息子二人を次々と失ったのだから。文久元年生まれの勘助と、明治元年生まれのはるが瓦屋を始めたのは一九〇〇（明治三三）年頃、それから五〇年、福雄と亀蔵との四人で瓦屋を育て上げてきたのだ。はるには稲葉瓦屋にとっての一時代が終わったと思えたことだろう。

そのはるは一九五五（昭和三〇）年、八七歳の天寿《てんじゅ》を全《まっと》うしてこの世を去った。彼女の人生は、かつては名主を務めたこともあるショウイミドンの娘であるというプライドに支えられていたように思う。働き者であることは、この時代に決して特別なことではなかったが、はるのひとかたならぬ働きぶりは、稲葉という家名を守って「家」を盛りたてていくことに注がれ続けた。そして困っている人には、そっと情けをかけた。葬儀の日、土の中に埋められたはるの棺《ひつぎ》に土をかけながら、「このおばあさんにはずいぶん世話になった」と話す人は一人や二人ではなく、たくさんの人々が彼女の死を惜《お》しんだのであった。

その後、稲葉瓦屋は世代が交替して、福雄の長男昌一《しょういち》（二三歳）、福雄の弟光男（四三歳）、亀蔵の長男隆義（二八歳）が力を合わせて働きはじめる。時は一九五五（昭和三〇）年。日本に高度経済成長が訪れる直前のことである。

わたしはしんに連れられて、何度も本豊田へ行った。幼い頃の記憶は断片的でとりとめがないが、それが割合鮮明になるのは一九六〇（昭和三五）年、七歳ぐらいの時からである。今から考えれば、日本中が高度経済成長にわき始める直前の、まだ古い日本の農村の姿がかろうじて残っていた一時《いっとき》であった。

わたしたち姉妹三人がしんと共に本豊田へ行くのはいつも暑い夏、盆の里帰りの時だった。わたしたちは「いなかのおばあちゃんち」に行くのが大好きで、毎年その日を心待ちにしていたものだ。

取手から常総線に揺られて水海道《みつかいどう》を過ぎ中妻《なかつま》あたりまで来ると、車窓の景色は一面の緑となる。石下駅で降りてバスに乗り換える。バスは低い家並みの続く町場を抜け、緑の水田の中の一本道をとろとろ進んだ。

うめの家は、住まいと南側の前庭をサンゴジュの生垣《いけがき》が囲んでいた。大きな座敷が二つ並んでいて、そこはいつも清々《せいせい》と開け放たれていた。わたしにはそれがとても広く感じられた。葛飾の家は六畳と四畳半しかない二軒長屋だったのだから当然だ。

うめは六〇歳を過ぎたばかりの頃であったろう。いつも日に焼けた顔をほころばせてわたし

1956（昭和31）年、本豊田にて筆者（前列中央）

たちを迎えた。彼女の背筋はシャンと伸び、手も足もがっしりと大きかった。働くときは野良着かもんぺ、家でくつろいでいるときには簡単な洋服、そして頭にはいつも姉さんかぶりにした手拭《てぬぐ》いがのっていた。

家は一九三二（昭和七）年に建てた時から少し増築したままで変わっておらず、細長い土間、黒くすすけたかまど、五右衛門風呂《ごえもんぶろ》、ポンプ井戸、外便所、ニワトリ小屋、ウサギ小屋、ブタ小屋……、そうしたものが暮らしを形作っていた。田んぼや畑の風景を初めとするこれらは、狭い借家の我が家にはないものばかりであったが、当時はまだ農村の面影《おもかげ》を残していた葛飾でも時折見かけることがあった。だからわたしは、うめの家の一つ一つに驚いたり喜んだりした、ということはなかった。その時は気がつかなかったのだが、わたしが本豊田に行くことが好きだった理由は他にあったように思う。

それは、大地を耕して米や野菜を手ずから作る、魚は用水堀で捕って毎日の食とする、ニワトリは人間の食べ残した野菜くずをついばんで卵を産む、その卵は食べもするが売って現金に替える、ウサギもブタも育てて売る、春先には田の畔《あぜ》でセリを摘んで菜としたり、モチグサ（ヨモギ）を摘んで草餅をついたりする……こうした、食べるものを作り出すこと、働くこと、生活することがつながり合っている暮らし方への驚きがあったからだと思う。人が生きていくための最も基本の姿がそこにはあった。

うめがもいできたトウモロコシの皮をはぎながら、「今年のは実入りが悪い」と言うのを聞けば育てることの大変さを感じたし、彼女がわたしたち姉妹を喜ばせるために、ニワトリを潰《つぶ》してカレーライスをごちそうしてくれた時には、先刻《せんこく》までニワトリ小屋で一羽がひもでくくられていたのはそういうわけだったのか、と合点《がてん》がいった。

生産することと生活することが、一体になって循環していた。

葛飾のサラリーマン家庭では、会社に働きに行って賃金を得、その金で食べるものを買って生活が成り立っており（生産と生活が分離している）、「月給」という名の金銭に支配された生活しか知らなかったから、本豊田の暮らしの質朴《しつぼく》さが印象深く心に滲《し》みたのだと思う。

また、本豊田にはわたしの親戚たちがいっぱいいた。誰が誰でどういう関係にあたるのかはあまり理解できなかったが、わたしはしんの娘として、血族の一員であると認められている、と感じた。それはうまく言葉では表現できないが、「人々のつながりの中に入る感じ」であったろうか。不思議と心が伸び伸びして、遠縁のお姉さんなどによく遊んでもらったものである。

しかしこうした思い出も「外からの目」「東京者の目」だったのだ、と今は思う。自ら作物を作り、それを食べて（時には売る、買う）暮らす生活にどんなに人間的で本源的なものを感じたとしても、ゆったりとした時間の流れがなんだか心地良かったとしても、それはそこで暮らす者には関知しないことだろう。

その農村に、「戦後の日本では農民が都市の勤労者になることは「人間の解放」を意味した」（『現代日本の農村』）というほど切実な経済問題が横たわっていたとは、その時には分からなかった。

日本の高度成長は経済の発展を国の政策として正式に掲《かか》げ、一九六〇（昭和三五）年に「国民所得倍増計画」が閣議決定されたことから始まる。それからの日本の経済的な躍進は目を見張るばかりだった。一九六〇年から一〇年間に重化学工業の生産高は三・六倍となり、なかでも鉄鋼業は四倍、機械工業は六倍という増加ぶりを示した。輸出高も年率一六・八％の割で伸びていった。国民総生産（GNP）は右肩上がりに上昇し、一九六八（昭和四三）年にはアメリカに次いで世界第二位となった。都市部の会社や各地の大小工場は活況にわき、働く者たちの給料もまた右肩上がりに増えていった。

そして、こうした時代の流れは激しい労働力不足をまねくことになり、全国の農山村から次々と人間を流出させていった。その数は毎年六〇万人以上にのぼり、一九六〇（昭和三五）

年に二〇八万戸あった専業農家は、一〇年後には八三万戸にまで激減した。

東京から五〇キロほどの距離にある石下町にも、高度成長の波は寄せてきた（一九五四〔昭和二九〕年に、旧石下町、豊田村、玉村、岡田村、飯沼村が合併して石下町となった。二〇〇六〔平成一八〕年より常総市となる）。

農業を生業《なりわい》としていた者が毎年一〇〇人から二〇〇人ずつ他業に転職し、一九六一（昭和三六）年に約三三〇〇戸あった農家は、九年後には約二二〇〇戸となった。そして農業を続ける家でも、兼業が当たり前になった。農地解放によって念願の農地を手に入れたものの、あまり広くない土地から得られる現金収入は微々《びび》たるもので、それだけでは現金支出の多くなった生活を支えることができなくなってしまったのである。

もう狭い農地を家族総出で耕し、少ない現金収入をつましくやりくりして暮らす時代ではなくなりつつあった。うめの家では五女の良子《よし》が一九五五（昭和三〇）年に中学校を卒業したあと、東京江東区《こうとう》にある工務店の家事手伝いとして働くために家を出た。三男の皓治《こうじ》も同じ頃石下を出て、葛飾区にある町工場で働き始めた。

たくさんの若者たちが石下から出て行った。日本中から都会に向かって人が流れ出した。若者たちは人のつてをたよったり集団就職という形をとったりして、一家の主《あるじ》たちは出稼ぎという季節労働者として、町工場や商店、建築作業現場などに吸い込まれていった。

1966（昭和41）年、うめ（後列左、当時67歳）、しん（後列右、当時44歳） 良子（前列右から2人目、当時26歳）

こうした農村から都市への労働力の大移動は、今だかつてないほどの速さと勢いで進んだため、「飢饉《ききん》にも戦争にも耐えてきたこのむらが、仲間や若い青年たちを奪われ、なぜああもあっさりみじめな姿に変わり果ててしまったのか」（『昭和農民始末』）と嘆《なげ》かざるを得ないほど激しい過疎《かそ》を招いた。

なぜそれほど急激に農村を出たり、農業から離れていったりしたのか。多くの農民たちにとって、農業は自分の生活を支えるために必要だからなされていた労働であって、自ら選択した職業だったわけではなかったからなのだろう。農業よりも割のいい仕事があれば、そちらに移って生活を支えようとするのは当たり前のことだ。日本の農業の現実も未来も関係がない。あるのは自分と自分の家の現実と未来だけである。この頃農業から離れた人々は、それによって失うものがあるとは思えなかったであろう。高度成長期、日本人は一心に働き続けた。金を稼いで暮らしを豊かにするために。その向こうにある幸せな生活、幸せな人生のために。

高度成長が始まってから、石下の町は人が出て行くばかりであったが、東京オリンピック開催（一九六四〔昭和三九〕年）の前後から、残された町にも変化が兆《きざ》してきた。砂利《じゃり》や泥《どろ》の道はきれいに舗装《ほそう》され、自家用車を所有したり家を増改築したりする家も増えた。テレビは一九六五〔昭和四〇〕年には三五三四台、ほぼ一軒に一台の割で普及した。子どもたちの高校・大学への進学率も上昇した。様々な農機具が使われるようになって、重労働だった農作業が楽になり、人の手を借りなくても済むことが増えた。そしてそのことは、知らず知らずのうちに昔からの農耕に関わる習わし*をすたれさせた。

また気がつけば、家の中や村の中におられた神様たち（天神《てんじん》様、三日月《みかつき》様、井戸の神様、へっついの神様、便所の神様など）、仏様たち（薬師《やくし》様、お釈迦《しゃか》様、大日《だいにち》様など）も、いつの間にかいなくなっていた。

たくさんの古いものが姿を消し、たくさんの新しいものが姿をあらわした。高度経済成長期というのは、日本中の誰もが新しいことの便利さを受け入れ、古いことのあれこれを片隅に追いやっていった時代であった。

うめの長男隆義が働く瓦屋の商売は、戦後の復興や高度成長と歩調を合わせるようにして忙しくなっていった。その頃には瓦屋も「稲葉瓦工業株式会社」と改められ、八幡神社の南側に大きな工場を建てるまでになっていた。その工場では近隣の人々が従業員として働き、昔からの土瓦《つちがわら》の他にセメントで作るスレート瓦を大量生産していた。次々と新しい住宅ができて、屋根瓦は作っても作っても飛ぶように売れていった。

うめはこうした時勢のただ中にあっても、ずっと野良で仕事をしていた。春になれば田植え

＊様々な習わし（『村史　千代川村生活史』、『石下町史』より参照）

サナブリ　田植え仕舞いの祝い（イエサナブリ・ムラサナブリ）

鍬入《くわい》れ　旧正月三日〜一一日頃、朝暗いうちに自分の田畑に行って注連飾《しめかざり》をした松を立て、米や塩を供え鍬で畝立《うねた》てをする

初午《はつうま》　旧二月三日頃の年越しのあとすぐくる。スミツカリと赤飯を藁《わら》つとに入れ稲荷《いなり》様に供え、稲の豊穣《ほうじょう》を祈願する

畑の儀礼　旧八月一五日の十五夜に団子や赤飯、すすき、栗、柿を十五夜の月に供えて、子どもたちが巻き藁を持って村内を歩き、各家の庭を「大麦小麦で三角畑の蕎《そ》麦《ば》あたれ」と唱えながら叩《たた》き、地の神に豊作を祈る

イイトリ　繁忙《はんぼう》期に親戚・親類同士が助け合って働く

手間返し　労働力を交換し合う

の準備を始め、秋の稲刈りまでは田んぼ通いを続けた。鍬や鎌をかついで畑へ行き、季節の野菜を作り続けた。

うめにとってそれは自分の日課であって、元気なうちから働かないでいたら体はなまくらになるし、お天道様《てんとうさま》に申し訳ないことだった。働かないということは生きている価値がないと同じほどのことだから、何がしか仕事をしていれば、心も体も安心するのだった。隆義の稼ぎがよくなっても、働くことはやめなかった。大地を相手に食べるものを作り続けて家族の腹を満たすということは、命に関わることゆえの根源的な悦びがあったのだと思う。

けれども一九七〇年代半ば、うめの年齢も七〇代半ばになると、さすがに体が夏の暑さに耐えられなくなってきた。ある年、疲れて身体をこわし医者に行くと、「このままこんなことを続けていたら死んじゃうよ」と言われ、以来、野良の仕事からは手を引いた。それからは家の中のことだけをやるようになり、孫が嫁を迎えて曾孫《ひまご》が生まれるとその子守をした。いつも家族のためにできることをやろうとした。

一八九九（明治三二）年生まれのうめの目に、戦後の世の中はどのように映っていたのか。

それはずいぶんと目まぐるしいものであったろう。新しい法律や農地解放には戦争が終わったことを実感しただろう。ところがその後の農政はご都合《つごう》主義で、食糧難の時には増産を叫び、高度成長によって都市部に労働力が必要になると、農業基本法（一九六一〔昭和三六〕年）を定めて農業人口を減らすことを施策とした。その上、一九七〇（昭和四五）年からは減反《げんたん》だ。国はいつも勝手なことばかり言う。

だがこうした農政の変転も、うめの生活を大きく変えることはなかった。彼女は農民ではあったが、日本のためや日本人のために「農業」をしていたわけではなく、ただ家族や自分が生きていくために必要だから、野良で働いていただけなのだ。うめにはそれが職業だの産業だのという感じ方もなかったであろう。自分は変わらないのに国の意向が次々と移り、周りがどんどん変わっていった、というのがうめにとっての戦後の世の中であったろう。

彼女にとって何が肌で感じられるリアルな現実であったかといえば、自分の家族、親類、本豊田の人々、本豊田を中心に南は水海道、北は下妻あたりまでの生活圏内の出来事、といったものであった。それはいたって狭い世間ではあったが、彼女にとっての大切なこと、生きている実感はこうした具体的な人と人の関係や、自分の目で見て判断できることの中にこそあった。

これは現代を生きる人々が、新聞、雑誌、テレビ、ラジオ、インターネットなどから、おびただしい量の情報を得て生活を豊かにしようとしているにもかかわらず、逆に孤立感を深めたり、人と人とのつながりが混迷の度を増したりしてしまうことと対極の世界である。うめにとって「生きる」ということの意味は、彼女を取り巻く人々との関係の中にあったから、世の中の動きがどうであろうと、それは遠い風景のようなものだったのだろう。

一九八九年、病に伏していた天皇が亡くなった。波瀾に満ちた昭和は幕を閉じ、平成の世の中になった。うめはすっかり老いて、頑丈《がんじょう》だった体つきもやせて小さくなり、シャンと伸びていた背中も丸くなった。そして一九九〇（平成二）年一月、九一歳のうめはまるで枯《か》れ木が朽《く》ちるかのように静かに息絶えた。長い長い人生であった。自分のことより家族に尽くし、愚痴《ぐち》を言わず、嘘《うそ》をつかず、身を粉《こ》にしてよく働いた。古き日本の農村の女たちの姿そのものであった。

こうして名もなき農婦の誠実で実直な人生は終わった。息子夫婦、孫夫婦たちに見守られての最期は、きっと満ち足りた幸せなものであったろう。

二〇〇五（平成一七）年になった。しんは八三歳になる。葛飾の木村家に嫁に来て五七年がたつ。戦争中に浅草にいた時を合わせれば、もう六〇年近く東京で暮らしていることになる。それは本豊田で過ごした時間の三倍にもあたる長い時間だ。

狭い長屋から始まった生活は夫の給料だけでは支えきれず、洋裁、和裁、編み物と内職をしてどれだけ稼ぎ出したことだろう。家を買い取って建て替え、子どもが独立し、姑《しゅうとめ》も夫も見送った。ここでたくさんの苦労も喜びも重ねてきた。

それなのに彼岸《ひがん》や盆《ぼん》が近づくと、今でも本豊田に関わる夢を見る。すでに亡くなっている人々――母親のうめ、弟の隆義、妹の良子、父方や母方のオジやオバ、遠縁の人たち――が現

豊田小学校周辺より筑波を眺む　出典：『豊田小学校創立百年誌』より転載

れたり、本豊田のどこかと思《おぼ》しき場所に自分がいたりする。まるで夢の中で遠い昔に帰って行くようでもあり、古《いにしえ》の人々がしんに会いに来るかのようでもある。

きっとそれは今はすでにない「時」への懐《なつ》かしみ、戦争前たくさんの身内に囲まれて心を通わせながら生きていた「空間」への懐かしみといったものが、しんの魂《たましい》を故郷へと誘《いざな》うのであろう。その底には大地を相手に働きながら、家族の誰もが不可欠の労働力として互いに支え合った生活、村人同士も生産や年中行事を共にする強いつながりで結ばれていた生活、という体験の記憶がある。彼女の精神（感情、意志、価値観などをひっくるめて）の基《もと》はそこで築かれ、今でも深く静かに生き続けている。

農村を出て都会に住み着いたおびただしい数の者たちにとって、ふるさとが懐かしいのは、そこにある山川の故ばかりでなく、そこが自分の心の源《みなもと》であるからなのだろう。

いなかが嫌で東京に出てきて、老いた身には東京暮らしは便利で気楽だけれど、しんの心は時々行ったり来たりしてしまう。

バブルと呼ばれた一時が過ぎ、石下の町は駅も家も道も美しく変わった。本豊田の八幡神社と竜心寺の森も、かつての霊気を失って妙に清々とした一画となり、変わらないのは広々とした水田の風景と遠くに見える筑波山ぐらいになってしまった。

その水田も近頃では米作りを農協や知り合いに委託して、穫れた米から手間分を渡して、残りを受け取るという家が増えている。高度成長が始まる前までは、農村に生きる者ならば誰でも「田畑《でんぱた》は先祖からの預かり物だから、生きている間はそれを一生懸命耕し、後に続く者に渡すのが自分の役目」と考えたものだった。それは日本の農業がそれぞれの家の生活を守る手段として存続し、農地が代々にわたって生活の基盤であったという歴史による。その田畑《でんぱた》によって命をつなぎ、その田畑が過去と現在とを結びつけてきたのである。けれども今、代々受け継いできた田畑も昔ほどには大切にされなくなり、その価値は持ち主にとっても、国にとってもずいぶん低いものになってしまった。

石下の町は変わった。

だが、目をこらしてみると、こうした変貌の下に強靱《きょうじん》なるものが静かに生きていることを知る。それは生活の拠点としての「家」（建物としての家と生活共同体としての家の両方）を大事にし、その「家」を絶やさないようにしようとする、立派な墓や仏壇を設《しつら》えて先祖を大切にする、親戚や昔からの隣近所や地域のつながりをおろそかにしない、といった目には見えない心の有りようのことである。

顧《かえり》みれば御一新前に旗本の殿様たちがこの地を治めていた頃から、ずっとそういうことを大事にしながら暮らしてきた。これは将軍の世から天皇の世紀へ、そして戦後は民主国家へと移ったけれど、その時々に吹き荒れる世の荒波から、あるいは厳《きび》しい自然の脅威《きょうい》から身を守る砦《とりで》となってきたのが「家」や「血縁」や「村」だった、ということなのだろう。

幕末の混乱、明治維新、自由民権、日清・日露戦争、昭和の大不況、太平洋戦争、農地解放、高度経済成長……いろいろなことがあった。

この一五〇年あまりを振り返れば、政治や経済や思想といったもののなんと移ろいやすいものであったことだろう。「国」というもののなんと声高《こわだか》で自己主張の強いものであったことだろう。そのたびごとに人の暮らしは波間の小舟のように揺られ、何度も凌《しの》いで現在《いま》に至ったのだ。

今、本豊田には四軒の稲葉家がある。

庄右衛門の生まれた本家の当主は会社勤めをしている。はると勘助の興《おこ》した瓦屋は、時節の影響を受けながら商売を続けている。うめと亀蔵の孫は板金業を営《いとな》んでいる。はると勘助の三男光男（故人）の妻は娘夫婦と暮らしている。どの家も農村には住んでいても、農地は持っていても、もはや農家でも農民でもない。

これから緑の水田に囲まれたこの地の上を、どんな時代の風が吹き抜けていくのだろうか。ここで暮らす人々の人生には、どんな歴史が刻まれていくのであろうか。

関東平野の一隅《いちぐう》にある小さな町では、今日も静かに一日が始まる。


（完）

おわりに

「農村を書いてみよう」と心に決めた時、わたしは身ぶるいするような心地に襲われました。農村はあまりに深くて大きく、農村という森の中で迷子になってしまうのではないかという不安が先立ったからです。

東京で生まれ東京で育ったわたしが、なぜ農村に心が傾いていったのかと言えば、わたしや、都市や、日本が見失ったものを見つめるためには村の中に帰ってみればよい、という確信がしだいに大きくなっていったためです。

それは、『日本の村』（森田志郎著）のなかにある「みずからの、（都市人間を）はみださせた主体なる共同体としての部落にたいする位置づけを認識」すれば、「都市人間としてのみずからの所存を確かめうる」であろう、という表現に重なるものであったと思います。

今回、母や祖父母、さらにはその先を歩んだ人々が生きていた村、生きていた時代に降り立ってみて、わたしは自分も、都市も、日本という国も、今までとは違って見えてきたような気がしています。そして、わたし自身の足元を照らす光のありかを探し出すことができたように も思います。

しかしながら、わたしが石下の町について書き始めたのは、今から五年ほど前のことでした が、石下町は二〇〇六（平成一八）年一月一日から水海道市と合併して常総市となり、ここに 描かれた石下町は姿を消してしまいました。これが時代の流れというものなのでしょう。

本書は母木村しんの驚異的な記憶力がなければ、完成させることはできませんでした。娘の こまごまとした質問によく答えてくれたと感謝しています。

日本経済評論社の安井梨恵子さんには、わたしのうかつなところなど、ずいぶん助けていた だきました。いつも優しく親切に力をお貸し下さり、安心して仕事を進めることができました。 最後に、本書の刊行を引き受けてくださった同社社長、栗原哲也氏に、心から深謝申し上げま す。様々な助言や励ましをいただきながら、やっと書き上げることができました。本当にあり がとうございました。

二〇〇六年　初春

木村　千恵子

参考文献

一　騒がしい世の中になる
北島正元『日本の歴史18　幕藩制の苦悶』中央公論社、一九七四年
佐藤誠郎『幕末維新の民衆世界』岩波書店、一九九四年
町史編纂委員会『石下町史』石下町、一九八八年
金原左門『茨城県の百年』山川出版社、一九九二年
今井隆助『岩井戦争』筑波書林、一九八五年
佐々木克『江戸が東京になった日』講談社、二〇〇一年
村史編纂委員会『村史　千代川村生活史』千代川村、一九九九年

二　稲葉庄右衛門の明治維新
西岡虎之助・鹿野政直『日本近代史』筑摩書房、一九七一年
鈴木孝一『ニュースで追う明治日本発掘』河出書房新社、一九九四年

三　新しい世の中
加藤秀俊・加太こうじ『明治・大正・昭和世相史』社会思想社、一九八三年
県史編纂近代史第一部会『茨城県史料・近代政治社会編』茨城県、一九七四年

青木昭・市川彰『常総の自由民権運動』崙書房、一九七八年
森末義彰『生活史Ⅲ（体系日本史叢書）』山川出版社、一九六九年
色川大吉『日本の歴史21　近代国家の出発』中央公論社、一九七四年

五　直一の死
隅谷三喜男『日本の歴史22　大日本帝国の試練』中央公論社、一九七四年
田山花袋『東京の三十年』岩波書店、一九八一年
田山花袋『田舎教師』岩波書店、一九三一年
金原左門『地方文化の日本史9　地方デモクラシーと戦争』文一総合出版、一九七八年
宇野俊一『日本の歴史26　日清・日露』小学館、一九七六年

六　明治の終わり
石塚裕道『東京都の百年』山川出版社、一九八六年
桂敬一『明治・大正のジャーナリズム』岩波書店、一九九二年
大門正克『明治・大正の農村』岩波書店、一九九二年

七　野村小三郎の見た東京
東京都中央区役所『中央区史』中央区、一九五八年
平出鏗二郎『東京風俗志』八坂書房、一九九一年

東京都中央区役所『中央区商工名鑑』中央区、一九五六年
中川清『明治東京下層生活誌』岩波書店、一九九四年
横山源之助『下層社会探訪集』社会思想社、一九九〇年
岩崎爾郎『明治大正風刺漫画と世相風俗史』自由国民社、一九八二年

八　亀蔵とうめ

葛飾区郷土と天文の博物館『隅田川・江戸川流域のやきもの』同館、一九九九年
佐賀純一『田舎町の肖像』図書出版社、一九九三年

九　子どもと学校

豊田小学校『豊田小学校　創立百年誌』一九九〇年
高橋敏『近代史のなかの教育』岩波書店、一九九九年
高橋敏『日本民衆教育史研究』未来社、一九七八年
木村礎『村のこころ』雄山閣、二〇〇一年
竹内途夫『尋常小学校ものがたり』福武書店、一九九一年
茨城県老人クラブ連合会『明治・大正・昭和　戦前を古老は語る』暁印書館、一九八二年
大門正克『民衆の教育経験』青木書店、二〇〇〇年

一〇　戦争が忍び寄る

朝日ジャーナル編集部『昭和史の瞬間』朝日新聞社、一九七四年
猪俣津奈雄『窮乏の農村』岩波書店、一九八二年
江口圭一『十五年戦争小史』青木書店、一九九一年
入江徳郎『新聞集成　昭和史の証言』本邦書籍、一九八五年
新山新太郎『農民私史』農山漁村文化協会、一九七八年

一一　戦争

林茂『日本の歴史25　太平洋戦争』中央公論社、一九七四年
喜田村理子『徴兵・戦争と民衆』吉川弘文館、一九九九年
加太こうじ『浅草物語』時事通信社、一九八八年
東京空襲を記録する会『東京大空襲・戦災誌』講談社、一九七三年

一二　再び、新しい世の中

石下町戦後五十周年記念誌発行委員会『平和への祈り——戦後五十年・語りつぐ戦争体験』石下町、一九九五年
庄司俊作『近現代日本の農村』吉川弘文館、二〇〇三年
岩尾徹『昭和農民始末』日本経済評論社、一九八七年

その他

守田志郎『日本の村』朝日新聞社、一九七八年
新山新太郎『敗戦、そのとき村は――続・農民私史』農山漁村文化協会、一九八一年
内山節『自然・労働・共同社会の理論』農山漁村文化協会、一九八九年
須藤功『写真でみる日本生活図引村の一年』弘文堂、一九九三年

【著者紹介】

木村　千恵子（きむら ちえこ）

1953年、東京都葛飾区生まれ。
1978年、明治大学二部文学部史学地理学科卒業。
1981年～94年、千葉県内公立小学校教諭。
著書に、『ある家族の近代』（日本経済評論社、2000年）がある。

ある家族と村の近代

2006年3月15日　初版第1刷発行

著　者　木村千恵子
発行者　栗原哲也
発行所　株式会社日本経済評論社
〒101-0051　東京都千代田区神田神保町3-2
電話　03(3230)1661
Fax　03(3265)2993
振替　00130-3-157198
装幀者　村山豊夫
印刷　有限会社エム企画印刷
製本　美行製本所有限会社

四六判（19.4cm）　総ページ 288

ISBN4-8188-1815-1

日本経済評論社ホームページ http://www.nikkeihyo.co.jp/